Malraux et l'art

Cet ouvrage a été publié pour la première fois en 1978 dans la collection *La Revue des lettres modernes* et dans la série « André Malraux » dirigée par Walter G. Langlois.

LA REVUE

des lettres modernes

Malraux et l'art

Sous la direction de Walter G. Langlois

PARIS
LETTRES MODERNES MINARD

© 2021. Classiques Garnier, Paris.
Reproduction et traduction, même partielles, interdites.
Tous droits réservés pour tous les pays.

Réimpression de l'édition de Paris, 1978.

ISBN 978-2-406-12293-7
ISSN 0035-2136

SIGLES ET ABRÉVIATIONS

(les éditions utilisées seront précisées en tête des notes de chaque étude)

A   *Antimémoires.*
C   *Les Conquérants.*
CA *Les Chênes qu'on abat...*
CH *La Condition humaine.*
E   *L'Espoir.*
JE *D'une jeunesse européenne.*
LP *Lunes en papier.*
MD *Métamorphose des dieux.*
N   *Les Noyers de l'Altenburg.*
PA *La Psychologie de l'art.*
RF *Royaume-Farfelu.*
TM *Le Temps du mépris.*
TN *Le Triangle noir.*
TO *La Tentation de l'Occident.*
TOb *La Tête d'obsidienne.*
VR *La Voie royale.*
VS *Les Voix du silence.*

R   *Romans*, « Bibliothèque de la Pléiade » (Gallimard).

*AM*1 *André Malraux*, nº 1, etc. (fascicules de la présente série).

À l'intérieur d'un même paragraphe les séries continues de références à un même texte sont allégées du sigle commun initial et réduites à la seule pagination ; par ailleurs les références consécutives à une même page ne sont pas répétées à l'intérieur de ce paragraphe.

Toute citation formellement textuelle se présente soit hors texte, en petit caractère romain, soit dans le corps du texte en *italique* entre guillemets, les soulignés du texte d'origine étant rendus par l'alternance romain/italique ; mais seuls les mots en PETITES CAPITALES y sont soulignés par l'auteur de l'étude (le signe * devant un fragment attestant les petites capitales ou l'ita-lique de l'édition de référence).

« *Dès que la question "Qu'est-ce que l'art ?" devient sérieuse, la question "Qu'est-ce que l'homme ?" n'est pas loin* », a dit André Malraux dans un entretien avec G. d'Aubarède (*Les Nouvelles littéraires*, 3 avril 1952). Ainsi soulignait-il le rapport profond qu'il sentait entre les préoccupations humaines sinon métaphysiques qui s'expriment à travers ses romans, et les méditations esthétiques de ses écrits sur l'art. Puisque Malraux s'est consacré de plus en plus au cours de ces dernières années à des questions artistiques, il nous a paru tout à fait souhaitable d'orienter ce quatrième volume de notre Série sur le thème général de « Malraux et l'art ».

Certes, la philosophie — ou plutôt la psychologie — de la création artistique chez Malraux est profondément originale à beaucoup d'égards, mais elle a quand même des liens avec la pensée d'un certain nombre de ses prédécesseurs ou contemporains. Parmi ces derniers on cite souvent le nom d'Henri Focillon, homme aussi « engagé » que Malraux dans son époque, quoique d'une façon un peu différente. Dans son étude le professeur Tom Conley essaie de « retracer les périmètres » du dialogue entre ces deux hommes, non seulement du point de vue des idées, mais aussi en ce qui concerne leur « écriture » et leur vision de l'art dans son historicité.

La source et la nature de l'inspiration de l'artiste présentent un problème qui a préoccupé Malraux depuis sa jeunesse (déjà son petit essai de 1922 sur l'*Art poétique* de Max Jacob aborde cette question), et l'élaboration de sa *Psychologie de l'art* (*1947-49*, refondue dans *Les Voix du silence* en 1951) lui a coûté presque vingt ans de méditation et de travail. Dans son analyse de ce texte, Bettina Knapp examine les parallèles qu'il y a entre la vision esthétique de Malraux et celle du psychologue suisse, Carl Gustaf Jung. Il est vrai que l'on cite plus volontiers le nom de Freud à propos de Malraux, mais d'après l'étude très nourrie du professeur Knapp il est clair que dans les idées de base *Les Voix du silence* sont plus apparentées à l'œuvre de Jung qu'à celle de Freud, et que la démarche de l'esprit de Malraux est souvent très proche de celle de Jung. Enfin, ces deux penseurs semblent avoir une vue semblable sur le rôle que joue l'artiste dans l'évolution de l'humanité et dans le progrès de la civilisation.

Les préoccupations artistiques de Malraux étaient si constamment présentes à son esprit qu'elles semblent avoir laissé des traces jusque dans le style de ses romans. En effet, l'essai de Philippe Carrard fait ressortir combien un certain nombre des images plastiques de *L'Espoir* se rattache aux recherches esthétiques de son auteur. Malraux lui-même donne encore des précisions sur toute cette question dans le long entretien qu'il a bien voulu accorder à notre collaborateur Brian Thompson. Les commentaires qu'il fait sur le caractère et sur la portée de son imagination visuelle sont très révélateurs et intéressants. Madame Renée Riese Hubert vient renforcer toutes ces idées sur la nature de la création artistique avec son analyse du texte que Malraux a publié — à la suite d'essais sur toute une série d'artistes et d'écrivains — à propos de l'art de Picasso, le plus génial de tous les peintres modernes. Les comptes rendus de *Lazare* (par Françoise Dorenlot) et d'un remarquable livre allemand sur Malraux et le cinéma (par Joseph Jurt) ainsi que le très ample « Carnet bibliographique » de notre infatigable collaborateur Peter C. Hoy, viennent compléter notre recueil et donnent encore des renseignements précieux sur Malraux et son œuvre.

On remarquera que dans cet *André Malraux 4* : « *Malraux et l'art* » — ainsi que dans les volumes précédents de cette

Série — nous nous sommes efforcé d'inclure des articles de plusieurs écoles ou tendances critiques, écrits par des personnes venant de pays différents. Cela, pour souligner à nouveau que cette entreprise n'appartient à aucune clique ou chapelle littéraire. Tous ceux que tenterait une collaboration éventuelle sont invités à se mettre en contact avec Walter Langlois, soit aux Lettres Modernes, 73, rue du Cardinal-Lemoine, 75005 Paris, soit au Department of Modern Languages, Box 3603, University of Wyoming, Laramie, Wyoming 82071, U.S.A.

Nous annonçons que les thèmes autour desquels s'articuleront les études principales des deux prochains cahiers seront « Malraux et l'histoire » et « *Les Conquérants* ». Mais (comme c'est le cas pour les autres Séries aux Lettres Modernes) nous accepterons aussi — dans les limites des pages disponibles — des articles en marge de ces sujets, car nous voulons donner une diffusion plus grande et plus rapide aux études importantes sur Malraux. Nous recommandons aux auteurs qui envisageraient de collaborer à notre revue de bien vouloir prendre contact avec le responsable avant la mise au point finale de leurs essais, cela pour des questions de présentation et afin d'éviter des duplications de sujets.

W.G.L.
1976

1

INTERVALLE ET ARRACHEMENT : MALRAUX, HENRI FOCILLON ET LES AFFINITÉS DE FORME

par Tom CONLEY

> « *L'historien s'attache à la ressemblance entre deux œuvres ; l'artiste, à leur dissemblance.* »
> (*Le Musée imaginaire de la sculpture mondiale*, t. III : *Le Monde chrétien* [Paris, Gallimard, 1954], p. 35).

BIEN des historiens de l'art s'inquiètent devant les écrits de Malraux. Des textes aussi variés et suggestifs que *La Métamorphose des dieux*, *Les Voix du silence* et *La Psychologie de l'art* suscitent au moins deux réactions chez les critiques qui s'opposent à l'entrée de Malraux dans le panthéon de l'histoire de l'art. Les uns accusent l'auteur de dilettantisme et de fuite dans des comparaisons opaques, voire gratuites, qu'un spécialiste ne pourrait jamais admettre [1], tandis que les autres, moins antipathiques, essaient de stabiliser son écriture fugace. Au moyen d'une recherche des sources ou des origines qui expliqueraient les raisons pour lesquelles son esthétique déborde les limites établies par cette tradition, ces derniers critiques prennent souvent un rôle de médiateur entre spécialistes et public d'amateurs. Cette école veut trouver des précurseurs, découvrir des conventions ou des analogies qui placeraient Malraux dans une lignée d'esthètes. Elle trouve comme précurseurs les noms de Spengler, Riegl, Worringer, Focillon et Élie Faure.

En 1975, devant l'abondance d'écrits théoriques sur les origines discursives de l'écriture historique et philosophique, sur les nouvelles impulsions à Paris de Freud, de Marx et de Nietzsche, sur la mise en question de l'histoire et de la littérature devant le processus de l'écriture, et sur le déclin d'estime parmi la génération de 1968 après l'incident au Théâtre de l'Odéon, il convient de réévaluer les anciens textes de Malraux. Dans quelle mesure sont-ils doués d'une force qui dépasserait les normes de la rhétorique de l'après-guerre ? L'étiquette *mythologie*, employée depuis la publication des *Antimémoires* [2], sert-elle à trop contrôler un corpus de photographies et de commentaires consacrés à une collectivité ? Comment l'affect joue-t-il dans un livre où il y va non d'un individu ou d'un seul auteur, mais de l'homme ? Ces questions doivent être abordées, pensons-nous, par les mêmes stratégies dont se servaient les deux camps de critiques. Il faudra reprendre une comparaison, trouver une source et délimiter une origine devant lesquelles ces méthodes peuvent être remises à jour. Mais cet appel à un devancier n'aura pas une fonction clarificatrice : nous espérons ouvrir un espace et marquer une distance entre deux écritures, afin de les ponctuer d'abord, puis de les dés-assembler, de faire exploser leurs systèmes de description et enfin, de retracer les périmètres d'un dialogue sans aucun espoir de clôture éventuelle.

Pourquoi Henri Focillon ? Appartenant à une génération qui précède de peu celle de Malraux, lui aussi a situé et a engagé ses recherches dans des problèmes spécifiques de l'entre-deux-guerres et de leur suite. Il n'a jamais séparé, ni quand il vivait en France, ni pendant son exil aux États-Unis après 1941, l'histoire de l'architecture et de la sculpture des problèmes de son époque. Les deux périodes, comme sujet et objet, s'informaient. Né en 1881, fils d'un graveur bourguignon, Focillon consacra ses études en lettres et en archéologie aux visionnaires, de Piranèse aux socialistes du XIXe siècle. En tant que professeur de l'histoire de l'art à l'Université de Lyon entre 1913 et 1925, il a fait des études de sociologie religieuse comparatives entre l'Occident et l'Orient. Et en 1925 lorsqu'il remplaça Émile Mâle à la chaire d'archéologie et d'histoire de l'art du Moyen Âge à la Sorbonne, il transposa les mêmes intérêts aux formes d'un passé plus ancien. Pendant son séjour à New Haven, à l'Université Yale, qui dura de 1933 à 1938, il approfondit les recherches sur le Moyen Âge et sur les temps modernes. En 1938-39, en tant que médiéviste, Focillon renouvela les travaux d'approche au Collège de France. Et enfin, avant sa mort le 3 mars 1943, il avait publié des essais politiques, des romans, des contes et nouvelles ; sa bibliographie compte au moins 377 entrées, avec de nombreux manuscrits inachevés. Donc, les prétendus schismes entre Est et Ouest, ancien et moderne, ou archéologie et histoire lui furent non seulement familiers mais déjà mythiques.

« *Chez Balzac, chez Daumier, chez Proust, Focillon se plut à sonder* [...] *les mystères de cet art de visionnaires* », constate Henri Peyre [3]. « *À la source de ses méditations sur la vie des formes, il y eut la contemplation assidue des coquillages, des cristaux de la nature, de ces étranges polyèdres et damiers par lesquels la nature semble vouloir tendre à un art de calcul et d'ordre ingénieux* [...]. » Plus loin, il ajoute : « *Le visionnaire n'est pas un inutile rêveur qui se tient à l'écart de la vie pour dissiper en fumée un feu intérieur qui l'effarouche. Il devine dans le réel d'aujourd'hui tout ce qu'il contient d'avenir en puissance.* » Ainsi le mot *forme* a-t-il une polysémie aussi variée que la carrière de Focillon, dépassant l'impression d'une simple évolution dans la « vie des formes ». Mais à première vue, le mot *forme* se retrouve dans toute l'œuvre de Malraux. Dans un chapitre sur les antécédents qui ont déterminé la trajectoire, des romans aux réflexions esthétiques, William Righter a fort justement remarqué que :

Ces termes esthétiques, avant tout la notion d'un « langage de formes », ont une histoire complexe. En parlant de l'obscurité des origines des *Voix du silence*, Pierre de Boisdeffre mentionne « [...] *des emprunts, trop souvent passé sous silence, aux esthéticiens allemands, ou à des contemporains comme Élie Faure* [...] ». Aucun de ces emprunts n'est tout à fait précis, et la référence renvoie peut-être à tout un climat d'opinion plutôt qu'à des dettes spécifiques — bien que Malraux et Faure dans *L'Esprit des formes* aient la même manière évocatrice de parler des « formes » en tant qu'entités spirituelles indépendantes qui suivent leur propre parcours mystérieux. Mais il y a une influence plus directe et plus féconde dans Henri Focillon, surtout dans *La Vie des formes* [*sic*] où certains concepts spécifiques des *Voix du silence* ont au moins un développement préliminaire. C'est surtout le cas lorsque Malraux emploie son concept du « style », et de la notion, si importante dans *Les Voix du silence*, d'une « métamorphose de formes » [...]. (p. 23 [4])   [trad.]

Righter constate que la continuité des changements esthétiques, la vie et la mort d'une vision plastique ont peut-être leur source dans le paradigme général de *vie des formes*, sorte de poétique et synthèse des recherches sur l'architecture occidentale, sur Piranèse et sur la sculpture médiévale. Là, Focillon esquisse quatre étapes interpénétrantes, tantôt progressives, tantôt régressives ou atavistes, mais toujours mélangées. *L'expérimental* procède sans savoir comment la main et l'objet ou la matière et la forme vont se marquer ; puis le *classique*, découverte toute fraîche et spontanée d'une solution, annonce le *rayonnant* qui pousse jusqu'à la préciosité linguistique les formules de cette deuxième étape. Enfin, le *baroque*, plus cannibaliste, mange, disperse et réassimile les modes précédents, réinterprète toute leur histoire comme principe de tératologie et essaie de dépasser les limites syntactiques qui l'ont dessiné. Le modèle à quatre étapes est souple dans sa généralisation mais il est dérivé très clairement des recherches sur les architectures romanes et gothiques en Europe. Moins précis dans son emploi de *forme* que Focillon n'aurait peut-être voulu, Righter en conclut que ces doctrines qui comparent l'expression à la forme, la forme à la civilisation et les formes aux autres formes étaient quand même « dans le vent » pendant les années Trente, ainsi que celles de Nietzsche, de Spengler et de Hegel ; mais c'est Malraux qui les a « subordonnées à une imagination et une volonté » (p. 25 [4]), et c'est lui qui « les a assimilées et transformées en une création toute neuve ».

Beaucoup plus doctrinaire, Stefan Morawski décèle deux provenances dans l'esthétique de Malraux, l'une formaliste, classique et peut-être apollonienne ; l'autre expressioniste, romantique et par extension, dionysiaque. Pour Morawski, *L'Esprit des formes* de Élie Faure « *constitue un lien entre les inspirations existentialistes et les réflexions provenant de l'analyse de la structure des œuvres d'art elles-mêmes* » [5], espèce de travail expressionniste, tandis que les recherches de Focillon seraient plus près du pôle « formaliste ». Morawski refuse, après avoir suggéré une source, de préciser les affinités ; comme Righter, il préfère reléguer la composition des livres esthétiques de Malraux à une simple vision marxiste : « *Il serait peut-être plus juste de dire que Malraux s'est servi de thèmes nombreux et variés qu'il s'est appropriés conformément à quelques idées maîtresses dont le fondement se trouve dans sa vision du monde.* » Ces conclusions sont justes, mais quand même les relations de parenté, conscientes ou inconscientes, devraient élucider quelques aspects de son esthétique.

Pour revaloriser l'apport de Malraux dans ce domaine, le problème des sources exige encore des précisions. À qui Malraux a-t-il emprunté une telle observation, et comment est-il reparti de là pour une nouvelle idée ? Henri Focillon semble préconiser une déconstruction de l'objet de culte et d'institutionalisation, cibles de Malraux dans la plupart de ses livres. Il s'agit, à la manière des peintres surréalistes, de déplacer le calme discours de l'histoire de l'art. Presque synchroniquement, et au moyen d'une rhétorique des figures et d'un langage de formes encore plus généralisés que ceux de Focillon, Malraux effracte l'histoire dans un autre sens. Pour cette raison, ce n'est pas par hasard que les remarques les plus incisives de Focillon sont, comme celles de Malraux, dans le domaine de la sculpture et de la peinture chrétiennes au XIe et au XIIe siècles.

Hanté par le millénarisme et par l'apparition des monstres apocalyptiques à l'horizon de la France romane, Focillon y a trouvé les données d'un style de force spatiale. Là, décor et structure s'enchaînèrent de façon si violemment explosive que les études de source et de convention ou d'atelier auraient peu de signification. Les dessins fantastiques aux chapiteaux poitevins, aux tympans du Dernier Jugement le long des routes de pèlerinage ; les resserrements et les contorsions de la forme humaine en Touraine, et les surfaces de schiste taillées d'abstractions barbares en Normandie révèlent des langages anonymes qui dépassent les syntaxes visuelles que nous connaissons. Selon Focillon, le développement du décor « *dépend d'une contrainte plus despotique exercée par des cadres peu faits pour recevoir la vie* » (p. 234 [6]), et sa technique « *nous révèle une poétique et une psychologie* ». Ainsi que la philosophie contemporaine dont la logique contournée projette l'homme dans un état d'altérité, l'imagier et l'architecte, contrairement au dialecticien, ne se « *perdent dans le dédale de combinaisons vaines* », mais sont les créateurs d'un monde à la fois familier et fantasmagorique. Leur travail « *donne une forme et une figure à toutes les audaces de leurs songes* » (p. 250 [6]), et par un paradoxe chaque disproportion qu'impose la structure de l'édifice sur le personnage coincé au chapiteau autrefois corinthien, lui confère une « *éloquence inattendue. Lié dans toutes ses parties au bloc de pierre et lié par la continuité des mouvements aux figures qui l'accompagnent, le prolongent et le multiplient, il engendre des systèmes, dont rien ne peut être isolé sans que soit ruinée la massive unité du tout* » (p. 235 [6]). Le rapport intime entre l'ornement et l'édifice efface tout abîme présupposé entre forme et contenu, décor et structure. Ainsi, les débuts de la proto-Renaissance du XIIe siècle se caractérisent-ils par une absence de perspective ou d'espace entre deux pôles d'une opposition que depuis lors la critique a charpentée : toute tentative d'explication chez Focillon aboutit non seulement à une élucidation de la vision de l'époque en question, mais en plus, à une explication de nos propres confrontations de l'altérité.

Il est à remarquer que Focillon élabore ses observations en partie à l'aide de son gendre, Jurgis Baltrusaitis, qui a écrit *La Stylistique ornementale dans la sculpture romane* (Paris, 1931).

Baltrusaitis parle d'un monde fantastique où deux principes contradictoires — la forme mobile du corps animal et la géométrie — se confrontent, se défigurent et enfin se réconcilient. Il s'agit d'une imitation de la nature infléchie par des lois de composition qui se conforment au règne de l'esprit. Les conséquences du croisement sont, ainsi que dans chaque style supérieur, toujours violentes, vigoureuses et inattendues. Une approche proprement historique ne suffirait pas, comme le suggère Focillon, à se rendre compte de la violence, au fond, de cet art. Fait encore plus saillant, le gendre et le beau-père pratiquent ce que trente ans plus tard le célèbre Erwin Panofsky appellerait une « méthode de disjonction » qui nous permet de voir entre les dissemblances des formes les visions et les aspirations contrastives de deux ou de trois civilisations entières [7].

Alors le discours historique qui expliquerait la sculpture romane lui enlèverait la force toujours présente dans sa différence et dans ses tensions spatiales : derrière les créatures surgissant des tailloirs est la feuille d'acanthe de l'antiquité, transformée en monstre mi-végétal et mi-animal. Dans sa négation du passé — qui devient une espèce de dépassement — l'espace entre deux objets valorise leur existence. Semblable au silence qui entoure chaque énonciation sonore, cet intervalle à la fois visible et invisible au spectateur serait détruit par une convention omniprésente qui effacerait la marque de la main de l'homme.

C'est ce que la photographie reconstitue. Le livre est un aide-mémoire, une machine à rappels qui rendrait au lecteur ce sens du contraste et de la différence que sans doute le spectateur le plus illettré au Moyen Âge possédait. La disposition du livre de Malraux (de 1954) le prouve. L'auteur, consacrant à l'art roman la plupart de ses commentaires du troisième volume du *Musée imaginaire de la sculpture mondiale* : *Le Monde chrétien*, élargit encore plus les périmètres des recherches de Focillon. Les sculpteurs romans sont commentés un peu plus que les autres écoles — mérovingiennes, carolingiennes, gothiques, italiennes, modernes — illustrées dans le texte. Il nous semble que justement, ainsi que Focillon, Malraux trouve la problématique du décor vis-à-vis de la structure à l'intérieur du tympan qui ponctue les routes de commerce entre Cluny et Saint-Jacques-de-Compostelle. La tératologie, notion fondamentale à *L'Art des sculpteurs romans* de Focillon (Paris, 1931), se généralise en figure de nuit et de chimère cataclysmique. Malraux choisit un exemple qui fait appel à l'histoire qu'absorbe le décor. « Le cortège de chimères », ces « gens qui ont la tête comme un chien » que saint Bernard réprouvait dans la sculpture de son époque, provenaient, dans un des rêves du prêcheur, de la source du Gange. Le rappel d'une métamorphose spatio-culturelle, moyennant le déplacement des Indes en France, évoquant le vide entre Orient et Occident, précise la discontinuité culturelle entre une forme plastique et son changement de contexte.

Mais le paradoxe ultime est justement celui de saint Bernard lui-même qui prêche la seconde croisade. Ce rêve du Gange était, selon Malraux,

singulièrement puissant, puisque le cadavre de saint Bernard fut enveloppé dans une soierie brodée d'animaux légendaires. Mais que le cortège de chimères qui accompagne la gloire du Christ ne nous égare pas : si pour l'archéologie, l'art roman est légitimement ce bestiaire, pour l'histoire du génie, il est l'Éternel de Moissac, l'Éternel QUI ARRACHERA LES CHIMÈRES AU RÊVE, pour les prendre entre ses mains secourables [...]. C'est au pied des sculptures encore neuves où un Christ immense envoie les apôtres évangéliser les pygmées et les hommes-chiens avec tous les autres peuples de la terre, que saint Bernard prêchera la seconde croisade... (*MC*, 48-9)

La stratégie généralise encore la méthode de Focillon et de Baltrusaitis : Malraux fait ressortir des événements de la vie de saint Bernard précisément les mêmes contradictions que les deux médiévistes avaient trouvées sur la surface de la sculpture romane.

C'est dans le même sens qu'il renouvelle la signification chrétienne du tympan roman. Situé au croisement du linteau et du trumeau, et inscrit dans l'espace en dessous de l'archivolte, c'est le même paradoxe de l'humain et de la perfection cruciforme. Au-dessus de chaque spectateur, l'apparition de l'Éternel à Moissac, le Christ en majesté à Jonzy, et le Jugement Dernier à Autun remplissent leur mission au moyen du décor : l'ancien Pantocrator de Byzance prêche d'en haut du chœur de la croix latine et plane au-dessus du monde rangé en hiérarchies sur les deux côtés du linteau qui dessine les deux destins du Jugement : l'église, la Bible et la pierre sont identiques, toutes les figures subordonnées au plan central qui décèle, dans la forme humaine du Christ, encore une croix latine. Nulle part ailleurs ne se trouvera-t-il une synthèse à la fois si symétrique, si totale et si fantastique de la violence dans l'appareil qui le contient. S'inscrivant dans les marges des gros plans tirés des façades du XIᵉ siècle (figures 104–32) est un drame généralisé, assis en « pierres vives » d'une époque moderne : « *Par une sorte de perspective morphologique qui correspond à une perspective hiérarchique, mais qui lui est antérieure dans l'ordre de la logique de ces scènes formidables, les assistants au trône céleste grandissent à mesure qu'ils s'approchent de Dieu, seul et central dans toute la hauteur du tympan.* » (pp. 239-40 [6]). Par son insistance sur la structure, le décor, la hiérarchie, la logique et le drame, cette phrase pourrait être ou de Focillon ou de Malraux.

Rien de plus déroutant à première vue qu'une remarque apparemment flasque, telle que « *la sculpture romane n'est pas un moment de l'évolution des formes, au sens où sont la sculpture de Reims ou la peinture de l'Angélico ; elle est une naissance de formes comme l'art de l'Acropole et la peinture toscane* » (*MC*, 58). En même temps qu'il remet en question l'histoire doctrinaire de la sculpture qui est régie selon celle de la technique, Malraux suggère que cette naissance est bio-morphologique, sorte de synthèse de la surface et de la structure que les maçons romans avaient découverte par un entrecroisement de désirs et de visions concrètes, aujourd'hui trop instables à reconstituer ou à calmer derrière les vitrines prophylactiques d'un musée. Alors nous entendons par *naissance de formes* et *métamorphose*

15

non des changements, signalant de nouvelles continuités, mais des instants où la psychologie collective exprime dans la pierre un lapsus, même une différence critique.

Le processus est à la base du contraste bien connu dans *La Psychologie de l'art* qui compare l'œil roman à l'œil gothique. Ces deux gros plans, nous dit William Righter, « sont moins nouveaux ou frappants en tant que tels que plutôt " comme il faut ", l'exemple visuel qui exprime parfaitement une idée qui avait déjà été formulée » (p. 36 [4]). L'œil roman n'est qu'une sphère entre deux cils, un signe d'une autre qualité, ainsi que la tête est un « signe suprême » ; par contraste, l'œil gothique est un regard qui ouvre une communication visuelle au moyen de sa projection vers le spectateur, tandis que le corps roman signale à l'homme la leçon de la transcendance de Dieu. Malraux accentue la différence des lèvres gothiques et romanes ; le sculpteur gothique étant le premier occidental à découvrir l'expressivité de la ligne entre les cils supérieurs et inférieurs, par un glissement dans le texte qui transpose l'œil sur la bouche — effectué par la dissonance du commentaire et des deux illustrations — Malraux opère une inversion qu'un historien à juste titre n'oserait pas faire. Le lecteur ne peut s'empêcher de relier les deux détails et d'y voir deux lèvres à la place des deux cils. La masse de pierre qui se projette entre les deux lignes n'est donc plus une « ligne expressive » mais une masse ronde, lourde et dure. La pupille est justement la parole de Dieu qui s'énonce par la massive présence de pierre. Le verbe sacré est donc, par la stratégie de Malraux, métamorphosé en objet, véritable surface bombée dont le langage autoritaire à l'intérieur de l'orbite est sur le point de faire éclater la forme qui l'énonce. Une telle combinaison d'image et de texte renvoie aux contradictions dans le discours déjà cité de saint Bernard : elle nous montre comment cette mission nous fait encore une fois « *changer d'yeux* » [8]. L'enchevêtrement des comparaisons mène, bien sûr, au paradoxe fondamental du titre, *Voix* et *voies* du silence, renouvellement d'une sensibilité au XIIe siècle que l'histoire technique aurait pu communiquer bien moins directement.

16

En effet, Malraux, par la métamorphose de la vision chrétienne de l'origine verbale à une dialectique plastique entre l'homme et l'abstraction, déconstruit la primauté de l'écriture dans la pensée occidentale.

De nombreuses remarques de Focillon sur l'isomorphisme de la structure et du décor auraient abouti à cette même conclusion, mais dans le champ d'une figure généralisée Malraux pousse le modèle de son devancier à son extrême limite. Il existe encore une concomitance dans le plan du même chapitre sur l'époque romane et des notions de temporalité dans *Vie des formes*. Dans *La Psychologie de l'art* Malraux parle du courant « primitif » de l'Europe occidentale, un art toujours populaire, voire barbare dans son exécution et dans ses matériaux. C'est une forme héritée peut-être de l'abstraction barbare depuis la fin de l'époque gallo-romaine, visible de nos jours sur le granit des calvaires bretons. À son avis, la vision romane arrache ces formes à leur diversité et les réunit sur les tympans, les engage massivement dans un nouveau contexte. Pour cette raison le contraste entre une femme en prière sculptée à Guimiliau (1610) saute tout de suite aux yeux. Le visage apeuré au regard vide qui reflète une terreur intérieure, modifie l'expression de la tête de saint Denis d'où Malraux extrait son gros plan de l'œil roman. En allant de gauche à droite, du calvaire à la statue romane, le lecteur s'aperçoit d'un renversement temporel — une régression de cinq cents ans — qui dégage la psychologie de terreur et de violence que le monde chrétien tire du substrat populaire. Cette couche d'expression qui a tant contribué à la proto-Renaissance du XIIe siècle marque l'art régional qui se situe « en dehors du temps ».

Quatre ans plus tard, Malraux souligne la même hypothèse plus graphiquement encore dans *Le Monde chrétien*. Là, où le texte sur l'époque romane cède à un défilé de photographies sans commentaire du haut Moyen Âge au XXe siècle, Malraux termine une série intitulée « La Fin du gothique » sur une prise oblique des apôtres au calvaire de Plougastel (1602–1604). Les quatre têtes un peu rudement sculptées se trouvent à gauche d'une planche d'un bas-relief du XVIIIe siècle dépeignant l'Hiver, représentant une jeune femme emmitouflée sous les plis de sa cape, assise près d'un buisson. Le titre que Malraux assigne au chapitre, « Le Dialogue avec le passé », orne ses bordures en bas et en haut. Mais le vrai dialogue renvoie plutôt au calvaire qu'à la représentation de l'Hiver. De nouveau, la pierre romane, sujet de la plupart des pages précédentes, revient en Bretagne à l'époque de la Réforme. Les yeux des apôtres se fixent donc sur leur propre passé à gauche. Le sens d'une histoire ou d'une évolution de la perspective romane est ainsi à la fois rehaussé et démoli par un jeu de regards dans lequel le lecteur se trouve aussi. Même ce que Malraux était obligé d'expliquer dans *La Psychologie de l'art* — l'impossibilité de parler d'un développement rationnel d'un art populaire dépeignant les monstres de l'altérité — est encore plus saillant par la voie de la sculpture. Certes, son concept est simple, mais le mode d'expression dans l'agencement de l'image et du texte reste fort efficace, surtout dans le sens que le calvaire breton peut être interprété à la fois dans son rapport avec l'art roman comme début, synthèse, dialogue ou même identité du passé et de l'avenir.

D'une façon semblable Focillon détruit les notions d'une facile temporalité causale. Malraux s'y est sans doute senti en affinité. Le dernier chapitre de *Vie des formes*, « Les Formes dans le temps », présente un paradigme révolutionnaire. Comme s'il se servait du terme *événement* dans l'ampleur psychique qu'il a accumulée depuis vingt ans, Focillon parle en termes d'intermittence, de réversibilité, d'intervalle et de coupure. Il arrive même à fragmenter la causalité que l'historien voudrait trouver dans l'objet qu'il scrute :

Qu'est-ce que l'événement ? Nous venons de le dire : une brusquerie efficace. Cette brusquerie même peut être relative ou absolue, contact et contraste entre deux développements inégaux, ou mutation à l'intérieur de l'un d'entre eux. Leur forme peut acquérir la qualité novatrice et révolutionnaire sans être événement par elle-même, et le simple fait qu'elle est transportée d'un milieu rapide dans un milieu lent, ou inversement.   (pp. 99-100[9])

Cette optique s'appuie sur des recherches comprenant toute l'étendue du Moyen Âge, en particulier les concomitances assez insolites entre l'époque romane et celle du gothique flamboyant, malgré la distance dans le temps et les différences socio-politiques. La méthode n'est pas étrangère à *La Psychologie de l'art*.

Dans cette période finale, « l'irréel », existe la conscience d'une histoire, une connaissance du chemin parcouru depuis les origines du style. Les procédés se replient sur le passé et en font ressortir les anciennes formes, maintenant tordues et remaniées afin de marquer leur différence. Alors, les monstres et les créatures autrefois comprimées dans le volume des linteaux et des chapiteaux reviennent à la mode et dessinent un pullulement d'entrelacs et de spirales végétales, serpentant le long des arcs-boutants et des fenestrages gothiques jusqu'à ce que l'église entière en soit étouffée. Le mérite de Focillon est de ne pas tomber dans une formule organique ou monolithique héritée des sciences positivistes. Beaucoup plus perspicace que les botanistes de l'histoire, il trouve que cette assimilation du décor roman est historiciste, pleinement consciente du passé qu'elle répète pour qu'un certain espacement culturel soit jalonné.

Pour charpenter son argument, Focillon survole le grand débat sur « l'origine » de l'architecture flamboyante. De nombreux archéologues — Camille Enlart, Anthyme Saint-Paul et Robert de Lasteyrie — ont voulu voir son début dans l'histoire de la contrecourbe, au même titre que l'arc ogival représentait l'histoire de l'ère gothique au XIIIe siècle. Celui qui en trouverait l'exemple le plus ancien en découvrirait la source, le signe le plus pur. Mais dans une époque embrouillée de questions nationalistes, il était impossible d'avouer que la contrecourbe la plus aventureuse était anglaise — à Ély, en 1327 — et devançait la France d'à peu près trois quarts de siècle (l'exemple le plus récent en France étant de 1385-87, à la cheminée du Palais de Justice à Poitiers). Et au Nord, le *Sondergotik* allemand, établi depuis 1340 après Schwabish-Gmund par la famille Parler, était plus séminal et annonciateur du baroque qui se répandrait dans toute l'Europe sous la Réforme. Quelques critiques s'astreignaient à trouver la source dans le *rayonnant* parisien, dans les rosaces de Notre-Dame de Paris, où l'arc brisé et le lobe inférieur d'un quatre-feuilles coïncidaient et suggéraient une contrecourbe embryonnaire. Cette logique spécieuse rendait une paternité pure au style impur.

Plus large d'esprit et doué d'un sens historique moins contraignant, Focillon a mis de côté tous les arguments et a soulevé le problème de la perspective. Il s'est servi d'une psychologie de perception qui comprenait tout le Moyen Âge et qui n'était pas victime d'une métaphore ni causale ni animiste : la contrecourbe a dû être dissimulée comme forme contraire à la monumentalité gothique, et seulement la rencontre historique d'autres pays, « *de deux états différents, de deux vitesses inégales, provoque dans l'art français, non une révolution par insertion d'apports étrangers, mais, plus justement, une mutation qui* FAIT REPARAÎTRE CERTAINS CARACTÈRES ANCIENS ET CACHÉS, *en leur donnant une virulence nouvelle* » (p. 92 [9]). Ainsi qu'il l'indique dans les pages sur l'irréel et le baroque gothique, ces formes retournent vers leurs expression romane. De la même façon que la contrecourbe empruntée à l'art oriental, les regards des apôtres bretons, personnages flamboyants ornant les calvaires du Finistère, semblent saisir la terreur et la réjouissance des hommes-chiens qui décorent les routes de pèlerinage à une époque antérieure. Le jeu spatial provenant de la disposition des photographies souligne précisément la même contradiction tirée de l'*Art d'Occident* et de *Vie des formes* : les figures aux yeux arrondis scandent le passé en s'appropriant certains éléments qui font accentuer leur engagement dans la lutte contre les édits d'Henri de Navarre.

Ce n'est pas tout de savoir que les faits se succèdent [*dit encore Focillon*], ils se succèdent à de certains intervalles mêmes n'autorisant pas seulement une mise en place, mais déjà, sous certaines réserves, une interprétation. Le rapport de deux faits dans le temps n'est pas le même selon ce qu'ils sont plus ou moins éloignés l'un de l'autre. Il y a là quelque chose d'analogue aux rapports des objets dans l'espace et sous la lumière, à leur dimension relative, à la perception de leurs ombres. Les repères du temps n'ont pas une pure valeur numérique. Ce ne sont pas les divisions du mètre, QUI PONCTUENT LES VIDES D'UN ESPACE INDIFFÉRENT. (p. 84 [9])

Le temps est rendu superficiel, transformé en surface graineuse que la photographie est libre de découper et d'ordonner selon les lois d'une psychologie de perception, elle-même rien plus que le reflet des épistémologies contemporaines.

Focillon et Malraux ne conçoivent pas une temporalité qui transcenderait l'histoire. L'impact de l'événement leur est toujours immédiat. Un ouvrage tel que *Le Musée imaginaire de la sculpture mondiale* a l'air, à première vue, d'élaborer une mythologie esthétique ou un émerveillement devant les réseaux de force laissés dans l'objet devenu art. En même temps, le texte reste fidèle à l'engagement de l'archéologue. Une clé se retoue dans l'ouverture qui présente la toile de fond de la proto-Renaissance du XIIᵉ siècle. L'époque carolingienne ne garde que de vagues souvenirs de la sculpture romaine quoique, par un effort de rénovation, elle cherche le corps caché derrière la silhouette antique. Presque exclue des trente-six images consacrées à l'Occident chrétien, la sculpture est présentée en ses formes embryonnaires, attachées aux stèles et aux bas-reliefs, aux sarcophages, aux couvertures de livres et aux ivoires. Le mélange d'abstraction et de figures chrétiennes aux ateliers de Charlemagne récapitule le croisement de cultures du Nord et du Sud ; en plus, la suite de photographies situe, de nouveau au moyen de leur dissemblance à côté des formes modernes, leur propre modernité mythique.

Dans la lueur qui brille au fond de la forêt mérovingienne [*remarque Malraux*] cessons de voir une lampe antique qui s'éteint : c'est le reflet du fond d'or... Le livre — *un* livre [...]. À travers lui, l'Occident, où Charlemagne ressuscitera les mosaïques et les murales qu'admirait Grégoire de Tours, maintiendra pendant des siècles son dialogue avec Byzance ; et c'est en lui que, dès le VIIIᵉ, il élaborera ses propres formes. Nullement mineures, car le livre est quasi sacré. (*MC*, 18)

Le livre est sculpté, les couvertures et les enluminures prenant dans le nouveau contexte une importance insolite.

Les valeurs du texte sacré et l'image profane s'invertissent dans le livre du XXᵉ siècle aux mains du lecteur, où la représentation d'abord déplace et puis efface l'écriture de Malraux. La stratégie sous-jacente est, nous semble-t-il, de refaire et de re-produire un livre à la fois profane et sacré dans un tout autre contexte à la suite du cataclysme de la deuxième guerre mondiale. Dans *Le Monde chrétien* il s'agit de réduire l'importance de l'écriture et de rehausser la valeur plastique de l'image qui l'illustre. Les planches des Évangiles de Saint-Gall, les Évangiles de Blois et le Psautier d'Utrecht remettent aux mains du spectateur moderne un autre objet qui sacralisera le profane dans le passage des livres ornés aux tympans et à la sculpture romane. Le désir paradoxal d'arracher le passé à sa terre natale en le représentant dans le monde du XXᵉ siècle serait inversement celui de respecter son altérité en toute sa diversité. La résolution du paradoxe est comme celle de l'époque carolingienne, celle du simulacre. Le livre de Malraux recrée dans le mélange de texte et d'images la situation du monde chrétien en tant que livre, et en tant que topographie du monde.

L'effet de ce contraste entre onze siècles est immédiat. Cependant, l'engagement de l'histoire de l'art, sorte de désacralisation, a un analogue dans la méthode d'Henri Focillon. Comment, après la bestialité des temps modernes, reproduire le dilemme d'un monde en dispersion au XIᵉ siècle ? Certes, les deux événements ne s'éclipsent pas ; ils ressortent et se retirent selon les exigences du moment vécu. Espèce d'éternel retour, le renouvellement du passé doit situer, puis métamorphoser les perspectives actuelles. C'est précisément la problématique du livre posthume de Focillon, *L'An mil*, étude inachevée qui traite du millénarisme européen, non comme déclin ou rechute comme la plupart des historiens l'interprétaient, mais comme éveil, situation d'espoir. La théorie et la pratique du livre découvrent une double affinité avec André Malraux. Dans ce texte, contemporain de *La Psychologie de l'Art*, nous trouvons une chaîne de métaphores communes. Il s'agit de celle de la *faille*, de la *trace* et de la *cicatrice* d'un arrachement, mi-présence d'un événement antérieur, impossible dans son actualité à reconstruire. Focillon en fournit une méthode structurale assez précise qui lierait les deux écrivains à la même méthodologie différentielle :

L'histoire n'est pas le devenir hégélien. Elle n'est pas semblable à un fleuve qui emporterait à la même vitesse et dans la même direction les événements et les débris d'événements. C'est même la diversité et l'inégalité des courants qui constituent proprement ce que nous appelons histoire. Il nous faudrait plutôt penser à une superposition de couches géologiques, diversement inclinées, parfois interrompues par des failles brusques, et qui, en un même lieu, en un même moment, nous permettent de saisir plusieurs âges de la terre, si bien que chaque fraction de temps écoulé est à la fois passé, présent et avenir. (p. 7 [10])

Chaque texte, objet ou événement devrait être vu alternativement comme nœud ou comme absence de force.

La méthode est complexe. Dans le dernier chapitre où Focillon recrée « L'Empire du monde », la problématique de l'unité de l'ouest en l'an mil est développée à l'intérieur d'une opposition empruntée à la fois à l'Histoire et à l'Art. À la Chapelle palatine d'Aix le jour de la Pentecôte, le jeune empereur, Otton III, contemple la dépouille de Charlemagne. C'est une rencontre « *riche de sens* », l'exemple de Charles étant un rappel à la restauration de l'empire universel ; l'Occident attendait la nouvelle unité européenne, un *imperium mundi* de christianisme. « *C'est au saint empereur, au nouveau Constantin, qu'Otton III adressait ses pensées et ses prières, en jour de la Pentecôte, devant les ossements retrouvés.* » (p. 135 [10]). Le reste du chapitre reconstruit tous les obstacles qui empêchèrent, après la chute de la dynastie carolingienne, l'unification de la romanité.

La confrontation d'Otton III et du squelette du roi représente pour Focillon l'emblème des paradoxes et des mouvements politiques qui tourbillonnaient dans le même courant, simultanément, en l'an mil. Les représentations de l'Empereur d'Allemagne donc se revêtent d'une nouvelle signifi , tion, presque renversée, dans l'histoire de l'art telle que nous la connaissons. La composition hiératique qu'assume Otton en pierre ou en enluminure au XIᵉ siècle dépeint une figure non dissemblable au Christ ; l'austère regard de face emprunté à la convention du Christ en gloire du livre de Reichnau (Munich, Bibliothèque d'État, reproduit dans *La Psychologie de l'art*) ou celui du relief du puits de San Bartolomeo à Rome (illustré dans *L'An mil*), nous engage dans une tout autre voie qui saute du millénarisme et de l'apocalypse à nos jours. Lui, Otton, qui avait une vision du nouvel Occident, n'est maintenant qu'une trace marquant la différence et la ressemblance de deux époques. Dans ce jeu de regards qui réfracte sa force de Charlemagne à Otton, et d'Otton à nous-mêmes, les deux auteurs ne pouvaient pas s'empêcher d'y voir le cliché moderne d'un Hitler contemplant la dépouille de Napoléon aux Invalides, imprimé dans les journaux après la chute de la France, en juin 1940. Un peu à la manière du principe de l'Éternel Retour, l'histoire, cette « inégalité de courants », est une force qui se projette et qui se recule. La situation de l'après-guerre, dans laquelle les chefs d'État essaient de reconstruire l'Occident des décombres, s'informe par l'exemple d'Otton qui est l'envers de celle qu'avait déclenchée Hitler.

Ces séries de différences et de vides contenues dans le texte de *L'An mil* et ses planches gardent toujours le sens d'une critique engagée. Lorsque Focillon constate qu'un même moment — ou objet — peut nous permettre de voir comment chaque « *fraction* » du temps écoulé est à la fois passé, présent et avenir, il insiste, comme Malraux, sur la tension contenue dans le fragment : *fractum* et *frangere*, *fracture* et *effraction* rôdent dans les marges de ces textes. Les deux auteurs enlèvent à la discipline dite « histoire de l'art » la stabilité d'une source ou le calmant d'une convention ; bref, tout ce qui tranquillise l'énergie qui ressort du passé. Il s'agit du mouvement constamment pulsionnel du rapprochement et de l'éloignement du sujet et de l'objet, problème de perspective qui porte tantôt

24

sur la structure, tantôt sur la force. L'extase que la différence de deux objets peut provoquer tend à détruire l'ordre que l'historien impose sur le passé. En effet, la convergence de Malraux et de Focillon montre comment un texte illustré — ou espacé — dégage cette force qui découvre l'affect et l'engagement du spectateur. Les quelques historiens-artistes qui osent ouvrir un vide entre ces textes privilégiés remontent, ainsi que les créateurs dionysiens, au torrent global de l'art. Par leurs méthodes foncièrement différentielles et fractionnelles, les écrits de Focillon et de Malraux creusent un intervalle dans la continuité de leur discipline humaine et en font ressortir toute sa violence.

NOTES

MC *Le Musée imaginaire de la sculpture mondiale.* T. III : *Le Monde chrétien* (Paris, Gallimard, 1954).

1. C'est en partie celle de Ernst GOMBRICH, « Malraux and the Crisis of Expressionism », *Burlington Magazine*, Dec. 1954, pp. 374–8.
2. Voir David James FISHER, « Malraux's Imagination : The Mythical Nature of Character Portraits in *Anti-Memoirs* », *French Review*, XLVII (Dec. 1973), pp. 360–73.
3. Préface à *La Bibliographie Henri Focillon*, p.p. Louis GRODECKI (New Haven, Yale University Press, 1963), p. 3.
4. *The Rhetorical Hero : An Essay on the Aesthetics of André Malraux* (London, Routledge and Kegan Paul, 1964).
5. *L'Absolu et la forme. L'Esthétique d'André Malraux* (Paris, Klincksieck, 1972), p. 66.
6. *Art d'Occident*, t. I (Paris, Armand Colin, 1938 [ré-éd. Livre de Poche, 1965]).
7. *Renaissance and Renascences in Western Art* (New York, Harper, 1972), p. 106.
8. L'expression est d'Hélène Cixous ; voir son texte sur Nietzsche, « Le Bon pied, le bon œil », *Cahiers Renaud-Barrault*, n° 87 (1974), p. 71.
9. *Vie des formes* (Paris, P.U.F., 1964).
10. *L'An mil* (Paris, Armand Colin, 1952).

2

LES VOIX DU SILENCE
UNE LECTURE JUNGIENNE

par Bettina KNAPP

Inventé, découvert ? Je ne veux pas dire [*continue Picasso*] : est-ce qu'on l'avait fait avant, je veux dire : est-ce que nous avons un violon en nous, qu'il a reconnu comme moi je reconnais sa sculpture ?
— C'est un peu ce que Jung appelle l'archétype, qu'on connaît seulement par les formes qu'il prend [...].
— Je veux dire : est-ce qu'il y a des formes un peu vagues comme le projet d'un tableau, qui se précisent, qui se réincarnent ? Pourquoi ? Parce qu'elles correspondent à quelque chose de profond en nous, très profond ? Par la forme elle-même, ou parce qu'elle exprime quelque chose ? Vous comprenez : la symétrie, ce sont des formes, mais c'est aussi notre corps, non ? (*TOb*, 121)

D'où vient l'inspiration créatrice ? Est-elle innée ? Qu'est-ce qui pousse l'homme à vouloir engendrer de nouvelles formes, à chercher par l'œuvre d'art à confronter son propre destin ? Malraux aborde ces sujets dans *Les Voix du silence*, analyse anti-spenglérienne de l'élément créateur chez l'homme. La disparition de certains styles ou modes artistiques n'est pas envisagée par Malraux comme une mort ou une dégénérescence, mais plutôt comme une rupture, un « arrachement », un clivage, soulignant les différences entre les civilisations ; c'est une manifestation de cet écoulement cosmique, incessant, dans un monde où la continuité est quasi éternelle.
L'homme créateur d'œuvres d'art peut être considéré comme

un vainqueur, comme un héros — le conquérant d'un passé désuet qui ne répond plus ni aux exigences de la psyché de son époque, ni à son canon culturel. Plus sensible que l'homme ordinaire, il est capable de sonder ses profondeurs — ce que nous appelons l'inconscient collectif, défini par C. G. Jung comme un passé primordial dépourvu de temps linéaire et de concept rationnel de l'espace. Cette descente en lui-même qu'effectue l'artiste lui permet de prévoir les cataclysmes, de pressentir les abîmes futurs ainsi que les fissures à combler. Le trajet intérieur ou orphique le mène au-delà du conventionnel, du traditionnel — dans la *prima materia* même. Comme Igitur « *il descend les escaliers de l'esprit humain, va au fond des choses : en " absolu " qu'il est* » [1]. C'est dans ce monde indicible, dans cette pénombre, que l'artiste perçoit les images archétypales ; ce n'est pas, selon Jung, « une idée héritée mais une façon héréditaire de fonctionner psychiquement, correspondant à la façon dont le poussin émerge de son œuf » (p. 43 [2]). L'image archétypale émerge dans le conscient de l'esprit créateur et peut « se développer et se différencier infiniment ». Cette motilité, quasi ininterrompue, modifie le contenu psychique, par conséquent l'image archétypale *per se*, créant un « champ magnétique » (p. 48 [2]), ou un « centre d'énergie » comparable à un volcan. Si l'énergie reste réprimée, elle peut exploser ; alors elle se transforme, influence la vision de l'esprit créateur, l'obsédant, lui faisant subir une déformation optique.

L'énergie provenant de l'inconscient collectif, grâce aux remous intérieurs, agit sur l'esprit rationnel, créant une dialectique qui synthétise en images archétypales tout matériel émanant de ses profondeurs. Plus l'image archétypale est puissante, plus l'artiste est dominé par elle ; il la considère douée de pouvoirs magiques, divins, comparables aux *daemon* grecs. C'est le cas de Picasso pendant sa période bleue et au moment où il faisait sa série de dessins sur la tauromachie ; c'est celui de Henry Moore avec ses formes de mères et d'enfants ; c'est celui de Chagall et de son mysticisme juif.

L'œuvre de l'artiste est de traduire ses expériences numineuses, les images primordiales de son inconscient collectif, dans un langage (ou symbole) qui sera éventuellement compréhensible aux autres. Une fois cette transformation effectuée, le symbole se fige dans la peinture, la statue, la tapisserie, la cathédrale. Elle n'appartient donc plus au monde absolu de l'artiste, à cet idéal amorphe et abstrait qu'il avait envisagé avant sa concrétisation dans l'œuvre d'art. L'artiste, selon Jung, est un psychopompe, un thaumaturge qui rend l'amorphe palpable, celui qui transforme en limitant. Comme le mystique, l'artiste est un visionnaire, capable de traverser les frontières séparant le monde matériel du domaine non manifesté ; vivant parfois tantôt en harmonie tantôt en désarroi avec le monde existentiel. Le tableau, ainsi conçu comme un signe visible (ou un symbole) d'une autre réalité supra-sensorielle ou transcendante, décèle d'innombrables mystères.

Qui veut trop analyser ou expliquer le symbole le privera de son mystère, c'est-à-dire de cet élément qui attise, qui « irrite » l'énergie ensevelie dans l'inconscient collectif, créant ainsi des pulsions qui se manifesteront tôt ou tard en images archétypales sans cesse renouvelées. Le symbole, écrit Jung, agit comme « un transformateur psychique » vivant, rendant visible ce qui somnole dans les profondeurs de l'homme. Tant qu'elle ne devient pas trop rationnelle, c'est-à-dire appauvrie par la lumière, cette source dynamique ne tarit pas et les images archétypales continuent à remonter à la surface (au conscient). Une fois le mystère révélé (et c'est également le destin des religions), le symbole devient stérile. Par la suite il se désintègre, se laisse reprendre par l'inconscient collectif — dans la *prima materia*. Là, il se mélange de nouveau à cette matière première, se vivifie, se prépare à une nouvelle remontée, continuant ainsi le processus cyclique de la vie : mort et transformation. Diderot exprime cette même idée dans *Le Rêve de d'Alembert* : « *Naître, vivre et passer, c'est changer de formes.* »[3].

C'est à travers ce contact avec l'inconscient collectif (le passé primordial de l'homme dépourvu de passé, de présent et de futur) que l'artiste devance son époque. Capable de voguer dans deux royaumes, le temporel et l'intemporel, le créateur artistique possède un talent unique : il est le précurseur de ce qui aura lieu, le prototype, le prophète, « la cornue dans laquelle tous les poisons et les antidotes de la collectivité sont distillés » (p. 30 [4]). Combien de fois a-t-on dit d'un peintre, d'un sculpteur, d'un philosophe, de tout autre esprit créateur : « Il a vécu avant le temps. Il a vu dans l'avenir. » Le message d'un Cézanne, d'un Van Gogh, d'un Piero della Francesca, précède les valeurs culturelles de leur pays, rejette, fausse et dépasse les données conventionnelles de leur époque.

Tous les grands mouvements artistiques, religieux, philosophiques ou scientifiques ont leurs prophètes-fondateurs. Le génie créateur pressent l'inconnu, transmue ce qui est recélé dans les profondeurs de ce royaume enseveli. Avec une merveilleuse lucidité qui lui est propre, il façonne, colore les formes disparates qui se livrent à lui et les présente aux autres hommes sous forme de toiles, de statues, de poésies, de romans ou de compositions musicales. Les nations, les peuples, les sociétés « sont conditionnés par la puissance des réalités psychiques intérieures qui apparaissent pour la première fois dans le cerveau de l'individu en forme de fantaisie » (p. 107 [4]). Les œuvres éternelles — les tableaux du Greco, de Goya, de Delacroix — sont vraiment des révélations provenant d'un inconscient collectif, un domaine dont les motifs sont éternels, actuels, montrant les deux faces de Janus à la fois — le passé et l'avenir.

Ce processus qu'est la création a été exprimé par les Kabbalistes juifs de la façon suivante : en changeant l'ordre d'une lettre en hébreu, on transforme la signification du mot. *Aïn*, qui veut dire « rien », devient *ani* ou « moi » en déplaçant la lettre *n*. Le ex-nihilo devient par une progression dialectique le *moi* ou le *quelque chose* [5]. Il en est de même pour la création artistique comme pour la création du monde. Dans la Genèse nous lisons : « Au commencement, Dieu créa les cieux et la terre. La terre était informe et vide : il y avait des ténèbres à la surface de l'abîme, et l'esprit de Dieu se mouvait au-dessus des eaux. »

*

Les Voix du silence est la création d'un thaumaturge. Essayer de la définir serait mettre des bornes à l'illimité, fixer un jaillissement continu, arrêter une hallucinante mixture de visions et d'intuitions dont la portée transcende la destinée individuelle de l'homme-créateur. *Les Voix du silence* est non seulement une œuvre philosophique mais aussi un sondage métaphysique, reflétant l'idéologie personnelle de Malraux et concrétisant toute la gamme d'une angoisse foncière. Cette tension, innée chez lui, se manifeste à travers une motilité perpétuelle d'idées, de citations, d'allusions, de reproductions, qui risquent parfois de submerger toutes données, toutes évaluations. Sans pauses, sans repos, Malraux traverse l'espace-temps d'un pas titanesque. Sa connaissance profonde et sûre des siècles, des nations, des styles lui fait manier l'œuvre d'art comme un jouet — et toujours avec maîtrise.

Cette vitesse verbale, cette nervosité haletante, essoufflée parfois, intrinsèque chez Malraux, agit viscéralement sur le lecteur. Quand, par exemple, il enjambe les siècles, dresse des listes d'artistes disparates, mentionne dans une phrase l'art égyptien, sumérien, gothique et cubiste, il crée un rythme complémentaire chez le lecteur, suscitant chez lui un enthousiasme sans borne, une énergie quasi illimitée.

Comme l'artiste, Malraux transmue ce qui est caché ; il transforme l'amorphe en matière, comme l'alchimiste qui cherche à rendre l'impalpable palpable, l'éphémère éternel et les métaux vils en or pur. Pour essayer d'expliquer les secrets du cosmos, l'alchimiste projette son inconscient sur la matière. Il en est de même pour Malraux dans *Les Voix du silence*. L'alchimiste fait fondre ses métaux et ses produits chimiques dans un creuset ; Malraux accumule dans son livre des centaines d'idées et de conceptions artistiques émanant de tous les siècles et de toutes les civilisations : égyptienne, néo-sumérienne, assyrienne, byzantine, gandharienne, grecque, orientale, gothique, classique... La fusion de formes, de styles, de concepts crée une *prima materia* qui par la suite sera chauffée par un agent catalyseur : le feu chez l'alchimiste, la personnalité volatile de Malraux dans *Les Voix du silence*.

Malraux est l'incarnation du feu. Il éclate et crépite perpétuellement ; ses pensées bouillonnent, émergent, se dissolvent, se confrontent, se répandent, se disséminent sur la page. Ce feu, utilisé par l'alchimiste afin de transformer la *massa confusa* en substance pure, suit le même processus chez Malraux. Les idées d'abord présentées dans *Les Voix du silence* sont alors absorbées, mélangées, distillées et finalement purifiées. La pierre philosophale en résulte — cette entité capable de vertus infinis.

Il y a chez Malraux une telle effervescence, une telle créativité qu'aucun arrêt, qu'aucune fossilisation n'est possible. Ce flux perpétuel engendre de nouvelles combinaisons d'idées, de formes, de visions, qui s'intègrent et se réintègrent dans son livre selon un ordre historique et philosophique — mais toujours subjectif à la personnalité de Malraux lui-même.

*

Les Voix du silence est divisé en quatre parties, chacune expliquant le sens et la portée de l'élément créateur chez l'homme, ainsi que les époques de transitions et de transformations qui permettent au génie-créateur de confronter sa destinée plutôt que de se soumettre à elle.

La première partie, intitulée « Le Musée imaginaire », analyse le concept du musée en général ; l'homme a le désir foncier de se créer des cadres, des catégories, de mettre de l'ordre dans le chaotique, de fixer le fluide, de transformer le transitoire en éternel. Dans la seconde partie, « Les Métamorphoses d'Apollon », Malraux explique les raisons de changements de styles. Les autres critiques d'art les attribuent à des déclins de l'art ou à la désintégration d'une civilisation. Malraux considère ces multiples transformations non pas comme un affaiblissement de l'élément créateur chez l'homme, mais plutôt comme l'émergence de nouveaux canons culturels et spirituels. « La Création artistique » a trait au triomphe de l'homme sur sa destinée, la mort, à travers le chef-d'œuvre. « La Monnaie de l'Absolu », point culminant du livre, analyse la dilution de la notion du sacré dans le Christianisme en rapport direct avec la recrudescence des valeurs terrestres, ce qui conduit à l'angoisse métaphysique de l'homme moderne.

Ces quatre sections des *Voix du silence* forment, dans le sens pythagoricien et platonicien du nombre, une totalité. Le numéro quatre (la mandala) selon ces philosophes mystiques symbolise une harmonie, une intégration de forces disparates — une *conjunctio oppositorum*. En terminologie jungienne, cette quaternité rappelle les quatre fonctions de la psyché : la pensée, le sentiment, l'intuition et la sensation. Les quatre étapes du livre de Malraux, le fruit d'un sondage subjectif et objectif, équilibrent ce qui est déséquilibré, accordent ce qui est virtuellement en désaccord. Nous pourrions les comparer aux quatre métaux du bouclier d'Achille, forgé par Héphaïstos (Vulcain) : l'or (associé au feu), l'étain (représentant l'eau), l'argent (symbolisant l'air) et l'airain (lié à la terre).

I

L'idée primordiale du Musée imaginaire est fondée sur la nécessité que ressent l'être humain de se créer des liens avec l'infini, se sentant ainsi moins isolé, plus sûr de lui-même pendant son trajet existentiel. L'homme voudrait voir clair ; il voudrait pouvoir confronter la notion de l'éphémère, du transitoire. Il cherche à travers son intelligence à réduire l'infini au fini. L'or, représentant le côté rationnel (soleil) chez l'homme, peut donc s'associer au premier sondage de Malraux : la lutte forcenée de l'homme contre les éléments qui le dépassent et l'anéantissent. L'homme rationnel (ce bon cartésien) désire dominer la nature et surmonter la mort. Il se voit géant quand il n'est

qu'infime. Le conflit intrinsèque émerge de ce déséquilibre :
l'accroissement de l'Ego ou l'inflation de l'homme qui se voudrait *maître de l'univers* ainsi que *maître de lui-même*.

La fonction du musée, qu'il soit réel ou imaginaire, remarque
Malraux, est d'arrêter le temps à travers l'œuvre d'art. Mais
en fixant le mobile, il déforme, au même titre que la carte Mer-
cator altère les masses géographiques du monde.

Qu'est-ce donc qu'un musée, d'après Malraux ? Une « ampu-
tation », une « résurrection » assez artificielle du passé, un tra-
vestissement. Le musée annihile l'ancienne fonction de l'objet
d'art — objet sacré aux époques lointaines, une hiérophanie.
L'œuvre créée par l'artiste égyptien ou assyrien représentait
la divinité *per se*, et n'était pas considérée en tant qu'œuvre
d'art. « *Il ne connut plus ni palladium, ni saint, ni Christ, ni
objet de vénération, de ressemblance, d'imagination, de décor,
de possession : mais des images de choses, différentes des choses
mêmes, et tirant de cette différence spécifique leur raison d'être.* »
(*VS*, 12). Dépouillée de sa fonction primaire (fût-ce celle d'une
tapisserie dans un château, un vitrail dans une cathédrale, une
sculpture de Vierge en lieu saint), arrachée de son contexte,
l'œuvre se trouve ainsi dépaysée dans le musée, ne réalisant
plus l'intention de l'artiste. Une statue d'un Christ gothique
dans une cathédrale a été conçue par l'artiste pour cet endroit.
Il en est de même pour une sculpture ancienne appartenant
à un décor spécial. L'art au Moyen Âge, écrit Malraux, était
« *un moyen d'accès à un domaine divin* » (51). La création pour
Van Eyck était un phénomène collectif, l'homme ne connais-
sant encore ni le sens de l'autonomie artistique, ni la valeur
de l'œuvre en tant qu'objet d'art. « *Le Christ de Giotto sera
une œuvre d'art pour Manet, mais* Le Christ aux anges *de Manet
n'eût rien été pour Giotto.* » (52). De même pour le Christ-
Pantocrator byzantin et *Le Christ sur la Croix* de Grünewald.
L'art antérieur à la création du musée était objet de méditation.

En se désacralisant, la création artistique devient « illusion ».
« *Le* David *de Chartres n'est pas une supposition. La* Rencontre

34

à la Porte d'Or *de Giotto n'est pas une supposition. Mais une Vierge de Lippi, de Botticelli, commencent à l'être ; la* Vierge aux rochers *l'est tout à fait. Un crucifix de Giotto est un témoignage ; la* Cène, *de Léonard est un conte sublime.* » (*VS*, 70). Pascal, d'après Malraux, avait raison : « *Quelle vanité que la peinture, qui attire l'admiration pour la ressemblance de choses dont on n'admire point les originaux !* » Le musée, constate Malraux, « *sépare l'œuvre du monde " profane " et la rapproche des œuvres opposées ou rivales. Il est une confrontation de métamorphoses.* » (12). Les tableaux de Goya, de Grünewald, de Vermeer, de Piero della Francesca, une fois introduits dans les musées, deviennent des entités autonomes : chaque œuvre confrontant, accostant les autres et créant ainsi un dynamisme, une dialectique, entre elles et avec ceux qui les observent.

À partir de la Renaissance, l'œuvre d'art pour l'Occidental « *n'a plus d'autre fonction que d'être œuvre d'art* » (*VS*, 13), c'est-à-dire fiction, illusion. Cette dichotomie devient d'autant plus intense à partir de l'invention de l'imprimerie et de la photographie. La reproduction d'œuvres d'art « *substitue souvent l'œuvre significative au chef-d'œuvre, et le plaisir de connaître à celui d'admirer* » (15), accroissant ainsi la déformation de l'objet déjà travesti dans le musée. La grandeur d'une cathédrale, par exemple, est réduite visiblement sur une carte postale ; par contre, une petite statue peut paraître gigantesque. Il en est de même pour les couleurs, qui ne sont jamais les mêmes une fois reproduites. Le musée, en outre, crée des œuvres d'art qui n'ont jamais existé. Les statues grecques, riches en couleurs, dont les « *prunelles étaient peintes en* rouge » (*VS*, 45), selon Platon, nous sont parvenues blanches, immaculées. De même pour les sculptures de bois gothiques qui n'ont plus les couleurs qu'elles avaient au Moyen Âge. La réalité existentielle a été faussée ; le musée ne fait que propager cette erreur.

Parce que le musée classifie, hiérarchise les fruits de la créativité, il épouse un temps linéaire qui est, selon Malraux, artificiel. Ce temps linéaire ou historique est divisé en passé, présent et futur. L'Oriental, dont Malraux admire le point de vue, n'a jamais connu ce besoin — sauf récemment — de musées de peintures. La nécessité de fixer l'éternel jure avec son idéologie.

Le tableau, paradoxalement, ou la sculpture ou tout autre manifestation du génie créateur de l'homme, se situe en même temps dans le domaine transitoire ou historique (le travail de l'artiste en tant qu'individu mortel) et dans l'éternel. L'objet d'art, écrit Malraux, se situe « *entre le monde absolu de Dieu et le monde éphémère des hommes* » (*VS*, 63). Il répond ainsi aux exigences de l'individu comme à celles de l'humanité collective (66).

*

Malraux, ainsi que tout créateur moderne en général, souffre visiblement d'une angoisse métaphysique. Il est poussé irrévocablement à dompter sa destinée, à chercher à anéantir cette marche spenglérienne funèbre de l'histoire, en contemplant le temps, non pas de façon linéaire mais cyclique, à travers la création personnelle. La tâche de Malraux (celle de rendre l'éphémère éternel) est d'autant plus complexe qu'elle est impossible. Les deux notions marchent à contre-courant l'une de l'autre. L'esprit analytique ou cartésien de Malraux — dont le but est d'analyser les idées, les styles, les formes juxtaposées soit dans le musée ou dans *Les Voix du silence* — les fixe, suivant ainsi un temps historique ou linéaire. En s'évertuant à expliciter l'élan créateur, le *Zeitgeist*, Malraux succombe à ce qu'il dénigre chez l'Occidental : ce désir d'ordonner, de comprendre ce qui dépasse l'esprit humain.

Malraux loue la conception cosmique de l'Oriental ; il l'envie même, car il en est privé. L'Oriental ne ressent aucune nécessité de rendre rationnel, ordonné ou logique un monde avec lequel il a des rapports harmonieux ; il est intégré dans un cosmos en équilibre. L'Occidental, par contre, sevré depuis des siècles de la nature, du cosmos, ne connaît pas cet équilibre entre son monde intérieur et son monde extérieur, le conscient et l'inconscient. Il vit donc dans un état de désarroi perpétuel. Le temps pour le Bouddhiste consiste en une série de moments éphémères, sans « continuité », sans « durée ». La vie n'est donc pas conçue comme un grand tout, à la manière de l'Occidental, mais plutôt comme une série d'agglomérations. Pour l'Occidental, le temps est chose tangible ; l'Oriental le considère dénué de valeur, de sens, une illusion de l'esprit. Le temps pour l'Oriental n'a ni passé, ni futur ; la seule réalité concrète est le moment ou l'actualité.

Comment le temps linéaire est-il né ? Et pourquoi l'homme occidental (et cela est le cas de Malraux par excellence) lutte-t-il contre ce concept ? Le primitif vivait dans un temps cyclique ou mythologique. Chaque jour était envisagé par lui comme une conquête sur la nuit, un éternel commencement, un cycle ou un cercle dans lequel il était éternellement intégré. En Égypte, par exemple, Ra, le dieu du soleil, disparaissait tous les soirs pour renaître le lendemain matin ; en Grèce, Apollon poursuivait ce même trajet quotidien autour de la terre.

Le concept du temps cyclique est, selon Jung, comparable au symbole gnostique du *ouroboros*, le serpent mangeant sa queue, ou l'enfant avant la prise de conscience (*consciousness*). Le primitif (l'enfant également) habite en communication directe avec la nature, se plaçant ainsi dans une série éternelle de cycles cosmiques (p. 233 [6]). Nulle fissure entre l'inconscient et le conscient ; aucune notion de l'individu en tant qu'entité séparée des forces qui l'environnent du monde phénoménologique. Dans les civilisations sumérienne, grecque, assyrienne, l'homme se voyait incorporé au monde animé, aux divinités, qu'elles soient représentées par des statues ou par des amulettes, ou qu'elles se manifestent à travers l'arbre, la fleur, le ruisseau, la montagne, le rêve, les guerres, les maladies — les voix intérieures.

Comment le primitif envisage-t-il la mort ? La mort, comme tout dans l'univers, fait partie d'un changement perpétuel, d'une transformation éternelle. Elle n'est pas considérée comme une fin, une séparation totale entre ce monde et un autre. La peur donc ne joue pour ainsi dire aucun rôle puisque la mort n'est qu'une manifestation de la durée cyclique de l'univers. Les Grecs, par exemple, envisageaient leur monde de façon circulaire « retournant perpétuellement sur lui-même, renfermé sur lui-même, sous l'influence des forces astronomiques qui commandent et ordonnent son cours »[7]. Pythagore, les Stoïciens, les Platoniciens considéraient ce qu'ils intitulaient cycles ou *aiones* humains ou cosmiques, comme des étapes pouvant se reproduire indéfiniment. Il n'y a pas, écrivait Aristote, un seul ou unique événement dans la vie : même la condamnation de Socrate peut avoir lieu maintes fois dans le courant d'autres cycles ou cercles. On peut dire tout aussi bien « après » ou « avant » la guerre de Troie, puisqu'elle fait partie d'un cercle qui continue son cours *ad infinitum*. Le temps consiste donc en un éternel retour.

Le temps eschatologique ou historique est né avec l'avènement du judaïsme et du christianisme. Le passé, le présent et le futur deviennent des étapes séparées dans la vie ou dans les civilisations. L'homme prend conscience du temporel — de sa temporalité. Il se sépare de la nature et cette brèche crée un vide entre lui et la nature ; la mort se présente comme une fin à la vie terrestre ; la douleur joue son rôle insidieux.

Lorsque ce monde de magie et de mystère disparaît, le domaine de la cérébralité, de l'abstraction, envahit tout. La psyché de l'homme craque ; il vit au bord d'un gouffre infranchissable, un abîme qui risque à tout moment de l'engloutir. Comment cette conscience temporelle chez l'homme s'est-elle manifestée ? En grande partie par la création du concept *ex nihilo* adopté par les Hébreux dans l'Ancien Testament. On lit dans la Genèse que le monde fut créé du chaos, du vide, en sept jours. Ce monde donc a un commencement et une fin. La notion d'*aeternitas* ou de *aeione* se transforme en *sempiternitas* (p. 239-40[6]). Avec la naissance du Christ l'histoire est catégoriquement divisée en deux parties : avant et après son apparition sur terre. La naissance de Jésus, selon les Chrétiens, est un événement unique, cela en contraste direct avec la conception cyclique d'Aristote.

Le temps conçu linéairement mène à une fragmentation de ce qui était envisagé comme un grand tout : les divisions en siècles, décades, années, journées, heures, minutes, secondes suivent. Le schisme entre l'homme (être éphémère) et la nature (entité éternelle) devient quasi intolérable. L'homme se voit en tant qu'individu isolé, seul, au bord d'un grand vide, ne pouvant faire face à sa fin ni à la mort, complètement aliéné au monde. L'idée de la mort devient intolérable. L'homme cherche des issues, des échappatoires. Dans le Judaïsme primitif la mort était conçue comme la fin de la vie terrestre :

> L'homme né de la femme !
> Sa vie est courte, sans cesse agitée.
> Il naît, il est coupé, comme une fleur ;
> Il fuit et disparaît comme une ombre.

(Jb XIV, 1)

Un autre royaume est créé : le concept du Ciel et de la Résurrection par les Hébreux ; le Ciel, l'Enfer, les Limbes, la Résurrection, par les Chrétiens.

Avec le passage des siècles, avec l'évolution de la science et de la technologie et avec la divinisation de la « raison », devenue faculté maîtresse, les exutoires créés par l'homme, par exemple le concept du royaume divin à venir, sont rejetés. Les dogmes religieux qui renforçaient la notion de l'éternité, la croyance en l'immortalité de l'âme, les espoirs d'un monde parfait, disparaissent. L'homme actuel, sans confort moral, devient esclave de nouveau d'un temps linéaire. Accablé par sa condition humaine, seul, sans aide, sans espérance, l'homme se sent responsable de ses propres actions mais incapable de supporter le poids et le vide de son existence.

Que reste-t-il à l'homme aujourd'hui, si conscient de sa temporalité, souffrant les affres d'une angoisse métaphysique ? Pour Malraux, il reste la tension de volonté menant à l'héroïsme nécessaire pour la création du chef-d'œuvre. Seul, l'homme actif en est capable. Le créateur, quel que soit son domaine d'élection, mène une vie féconde et non pas absurde. Lui seul façonne sa destinée.

L'homme créateur ne se soumet pas aux événements cataclysmiques. Il les subit et il se sert de ces expériences pour accroître et approfondir son champ de vision. C'est Rembrandt qui peint *La Ronde de nuit*, c'est le Greco dans *L'Enterrement du Comte d'Orgaz*, c'est Botticelli avec *La Derelitta*, c'est Michel-Ange et *La Nuit* ; ce sont les artistes qui ont créé le vitrail *Notre-Dame de la Verrière* à Chartres ; eux qui ont fait les déesses néo-sumériennes, les taureaux ailés assyriens ; l'*Hermès* de Praxitèle. Toutes ces œuvres possèdent leur côté temporel et intemporel, individuel et collectif, éphémère et éternel.

Le musée est la conséquence naturelle de la lutte menée par l'homme « civilisé » contre le temps linéaire. Dans ce sens le musée stabilise les sables mouvants du cosmos. Il permet aux individus de prendre contact avec un passé révolu sans risquer de leur faire perdre pied dans leur monde existentiel. Selon Malraux, le musée donne des formes au chaotique. Il permet de sortir de ces labyrinthes ténébreux qui mènent parfois à la dissolution de l'Ego.

II

Le déclin ou la disparition d'un style artistique est envisagé dans « Les Métamorphoses d'Apollon » non pas comme la mort d'une forme mais plutôt comme la manifestation de nouvelles valeurs culturelles — une rénovation ou une innovation. « *Un art vit de ce qu'il apporte* », écrit Malraux, « *et non de ce qu'il abandonne* » (*VS*, 130). Jugé inférieur ou régressif, il l'est uniquement par rapport à une autre technique ou esthétique : l'art gothique, par exemple, en comparaison de l'éblouissement de la Renaissance ; la vision grecque juxtaposée à celle des soi-disant Barbares. « *La régression est une forme d'art aussi répandue, aussi significative, que celle qui commence à l'Acropole de Delphes et s'achève avant Constantin.* » (129).

40

Cette deuxième partie que nous associons à l'étain, suivant l'analogie du bouclier d'Achille, symbolise, selon la doctrine alchimiste, l'eau, en terme psychologique, le fluide, le *fons et origo* — tout ce qui précède la forme créée, un monde *in potentia*. C'est de ce point de vue que nous examinerons les données de Malraux dans « Les Métamorphoses d'Apollon ». Il constate que la régression ou le déclin de formes n'est qu'une altération ou une transformation de valeurs culturelles et psychiques, répondant étroitement aux nouvelles nécessités d'une société en voie d'évolution. Afin de prouver sa théorie, il se sert du statère frappé pour Philippe II de Macédoine, et sur lequel figure le dieu hellénique Hermès (*VS*, 131).

L'Hermès conçu par les Grecs était l'incarnation de la beauté, de la perfection et de l'harmonie. Ce même visage concrétisé par les « Barbares » (dans le sens grec du mot) manque, pour ainsi dire, d'équilibre intérieur. Il est fragmenté et défiguré. Mais est-ce juste de la part de l'être humain de dénigrer le produit d'une culture en louant les manifestations d'une autre ? Même la monnaie frappée par les Barbares donne une idée de leur vie rude et difficile. Le Barbare voit Hermès en forme de soleil ou de lion, en cercles, en figures géométriques que Malraux compare avec raison à certains dessins modernes (*VS*, 137).

Malraux est catégorique sur ce point : les transformations picturales ou sculpturales (ou autres manifestations concrètes de la psyché de l'homme) ne doivent surtout pas être envisagées comme une dégénérescence, mais plutôt comme une expression d'une altération inconsciente chez un peuple. En Inde, note Malraux, l'Apollon hellénique se transforma en Bouddha. En Afghanistan, poursuit-il, les plus anciens Bouddhas sont des Apollons doués de « *signes de sagesse* » (*VS*, 149). Les statues à Gandhara (IVe siècle), les Bouddhas et Bodhisattvas ont des visages d'Apollon aux yeux bridés. Malraux souligne la ressemblance entre le *Sourire de Reims* et la tête bouddhique de Gandhara (158) ; les deux ont des caractéristiques de l'Apollon hellénique : le sourire, la bonté, la sagesse, la sérénité. Le Christianisme transformera l'Hermès gréco-romain en

Christ : la sculpture païenne devient le Christ berger, *Le Bon Pasteur* (*VS*, 173). Quant à l'art byzantin, le Christianisme injecte la notion de la maternité, de la croix, de la souffrance, dans l'œuvre d'art. La joie, ce sentiment foncier chez l'ancien Grec, est remplacée par le tourment, la peine, la culpabilité provenant du péché originel, l'angoisse.

*

Pourquoi Malraux a-t-il choisi Apollon et Hermès afin de renforcer sa thèse : la transformation de l'élément créateur chez l'homme et non sa dégénérescence ? Hermès, dieu terrestre par excellence, est également futé et versatile. Il est le guide des morts en Hadès, le patron des commerçants, des mineurs, des quêteurs de trésors ensevelis ou cachés au fond de la terre et, par conséquent, un agent fertilisateur. Il a été sculpté par maints artistes, dont Praxitèle, Phidias, Scopas, Polyclite. Psychologiquement, il représente l'archétype de la terre : ce qui est centré sur la matière. Apollon, en contraste direct avec Hermès, est le dieu du soleil, de la lumière, de l'esprit. Il est l'ennemi de tout ce qui est sombre, sale, profane. Il protège les récoltes contre la peste, la vermine, la moisissure. Il propage la santé et le bonheur chez les hommes ; il guérit. Il est le dieu de la pureté mentale et morale, de l'ordre, de la justice. Praxitèle et Scopas entre autres l'ont sculpté en jeune garçon délicat, d'une beauté incandescente.

Puisque Hermès incarne le côté terrestre de l'homme, il est concevable que les Barbares l'aient choisi pour représenter le contenu de leur inconscient. La forme qu'a prise la concrétisation d'Hermès est donc en rapport direct avec la psyché de ces hommes dont la vie était, non pas cérébrale, mais au contraire viscérale. Qu'Apollon, le dieu de la spiritualité chez l'homme, incorporant les attributs du soleil, se soit incorporé dans les Bouddhas indiens, dans l'art du Gandhara, avant la création de « *leur propre style* » (*VS*, 149) est également concevable.

La transformation perpétuelle dans l'art se calque sur la vision héraclitienne du cosmos : l'indivisible qui devient multiple. La matière (le feu pour Héraclite), étant chose vivante, s'accorde avec le tempérament, les notions, les civilisations, en voie de perpétuelle transmutation [8]. Héraclite, rappelons-le, avait écrit : « Rien n'est ; tout devient. » L'idéologie de Malraux est essentiellement la même. Tout est dans un état d'écoulement, de devenir. Cette transformation s'effectue car la matière contient ses contraires (le côté positif et négatif) qui luttent continuellement et se transforment en même temps. Ce conflit des contraires mène d'abord à un désaccord foncier, puis à un accord, et enfin à une ossification qui à la longue s'étiole et se dissout dans la *prima materia*.

En bon anti-spenglérien, Malraux reprend la notion du flux perpétuel, énoncée aussi par certains philosophes néo-platoniciens de la Renaissance : Nicolas de Cusa et Giordano Bruno, parmi d'autres. L'univers est conçu comme une entité vivante, non-différencié avant la création mais fragmenté après sa concrétisation, relié à tout moment au grand tout par un réseau complexe de correspondances. Tout ce que l'homme voit, ressent, énonce, n'est qu'un aspect du grand tout — de l'Univers. Gouverné ainsi par des sympathies universelles, rien n'est isolé dans le cosmos. Tout joue un rôle et influe sur les atomes les plus infimes. Goethe, suivant cette même doctrine, va plus loin que les philosophes antérieurs. Il ne croit pas au Dieu-Créateur. Il présuppose un ordre universel continu, un organisme capable de se régler en fonction de l'individu ainsi que du groupe. Tout individu, écrivait Goethe, est capable de se compléter, de s'accomplir : chaque instant se justifie par son propre être. Le but de la vie étant la perfection de soi, elle aboutit à l'*entelechia* aristotélicien. D'après Aristote, l'*entelechia* est un principe dynamique inné chez chaque être humain, lui permettant d'atteindre son apogée, après quoi l'organisme se remélange dans la pâte universelle, l'enrichissant par cette réintégration dans la matière première. Selon ce concept, l'individu est une forme *in potentia*, capable de se réaliser, de devenir l'idéal de l'époque — une âme élite.

43

Cette conception moniste des philosophes de la Renaissance, ainsi que celle de l'*entelechia* de Goethe, expliquent en partie les notions de la créativité chez l'homme et sa transformation perpétuelle dans l'œuvre d'art. Il y a donc quelque chose d'inné chez l'homme qui le pousse à se perfectionner, à engendrer une œuvre qu'il voudrait envisager comme immortelle.

Dans le domaine psychologique, l'art est, ainsi que nous l'avons vu au début de cette étude, la concrétisation de formes vivantes, existant jusque-là à l'état non différencié dans l'inconscient collectif. La libido (énergie psychique dans le sens jungien du mot) devient agent catalyseur, mettant en marche tout un réseau de forces, permettant ainsi un va-et-vient entre l'inconscient et le conscient de l'individu créateur. Si un blocage de la libido s'effectue, ou si les remous à l'état inconscient sont réprimés pour trop longtemps, cette énergie éclate, se transformant en symboles ou en images archétypales (primordiales). La naissance de ces symboles permet une « progression » chez l'artiste [9]. Le symbole, selon Jung, est « le transformateur psychique de l'énergie » ou la concrétisation d'une accumulation d'énergie existant dans l'inconscient collectif. L'extériorisation du symbole soulage cette tension que connaît l'artiste, lui permettant de renouveler ses visions. Les formes ainsi engendrées, répondant à des pulsions intérieures, se figeront dans l'œuvre d'art. Une nouvelle concentration d'énergie se produira par la suite dans l'inconscient, suivie d'un autre jaillissement établissant des liens entre le domaine primordial et le conscient ; et c'est le flot libre de cette énergie qui effectuera éventuellement une nouvelle synthèse dans l'œuvre d'art (p. 100 [2]).

Peut-être les individus et les sociétés se transforment-ils de la même façon ? L'homme, les nations, les civilisations, passent à travers certaines étapes, intellectuelles, artistiques ou autres, changeant perpétuellement d'orientation ou d'optique. Les mythes, les contes de fées, les idéologies politiques (nazisme, communisme, fascisme), les styles (gothique, impressionniste, classique, cubiste) reflètent clairement ce processus. Malraux donc ne peut suivre l'opinion des historiens ou philosophes qui considèrent le visage d'Hermès vu par les Barbares comme une mauvaise et puérile imitation de la divinité hellénique. Il l'envisage au contraire, comme la manifestation de valeurs culturelles différentes, représentant l'épanouissement d'une créativité extraordinaire, apparentée à maints égards au cubisme du XXᵉ siècle. Il y a chez le Barbare, ainsi que chez le Cubiste, déformation de la figure, du corps humain et de tous les objets en général. De même pour les Impressionnistes, qui fragmentent les formes des Réalistes et peignent par taches de couleurs floues, des éléments vagues, des lambeaux de tons éclaboussés de lumière, sur leurs toiles.

Mircea Eliade décrit cet élan créateur chez l'homme de la façon suivante :

[...] toute création, étant œuvre divine, représente également une irruption d'énergie créatrice dans le monde. Toute création jaillit d'une plénitude. Les Dieux créent par un excès de puissance, par un trop plein d'énergie. La création résulte d'une surabondance ontologique. Voilà pourquoi le mythe, qui raconte cette ontophanie sacrée, cette manifestation triomphante d'une plénitude d'être, le mythe devient le modèle exemplaire de toutes les activités humaines. [10]

C'est surtout pendant les périodes de croissance, de transitions et de changements, que les symboles ou les images archétypales affluent. Qu'elles soient envisagées sur le plan national (la croix gammée) ou individuel, ces transformations ontogéniques sont autant d'irruptions dans l'enchaînement successif des événements quotidiens. Le garçon devenant homme, la femme lors de son mariage ou de son enfantement, l'artiste en plein élan de création, sont capables de franchir les étapes, ce qui les mène parfois à un monde inconnu, mystérieux, effrayant et bienheureux à la fois. La société aide l'individu à franchir le gouffre séparant certaines étapes de la vie par des rites : confirmation, circoncision, mariage... La transformation physique qui s'effectue dans le garçon, par exemple, quand il devient homme, est doublée d'un changement intérieur psychique (p. 155 [11]). Ces passages ou rites initiatiques abondent dans les mythes et les légendes : les voyages périlleux (Hercule, Ulysse) ; les descentes aux Enfers (Thésée, Orphée) ; les emprisonnements (Jonas, les femmes de Barbebleue) ; les morts et les résurrections (Osiris, Dionysos-Iacchos, le Christ) — et se concrétisent dans l'œuvre artistique.

Celui qui confronte les dangers, qui possède le courage de surpasser (en rejetant parfois) l'idéologie de ses maîtres, apporte un nouveau symbole et message aux hommes. Il devient héros — porteur d'une nouvelle culture, que ce soit dans la société ou dans le domaine artistique. Le héros mythique, ainsi que l'artiste, a plusieurs étapes à franchir. La première est la conquête des difficultés immédiates par sa propre force physique et morale. C'est la période dite d'extraversion ou d'extériorisation — le héros agit activement sur le monde extérieur. Une fois les formes désuètes rejetées ou dominées, le héros subit une période d'intériorisation ou d'intégration. C'est à ce moment que le flot d'énergie provenant de l'inconscient collectif apporte la semence capable d'engendrer d'autres innovations qui s'intégreront, s'incorporeront dans la psyché de l'artiste — et le chef-d'œuvre en jaillira [12].

L'art est la concrétisation de l'état affectif d'un peuple ou d'un individu, ou des deux à la fois. En Égypte, au Mexique, en Espagne, par exemple, il est aisé de suivre l'évolution de la psyché de ces peuples par les changements des œuvres d'art. Nous n'avons qu'à tracer, comme l'a fait Malraux, les modifications du visage de la Madone à partir de l'art gothique jusqu'aux temps modernes pour nous rendre compte de l'humanisation de ce symbole. Quelles différences entre le Christ-Pantocrator des statues byzantines et du *Christ sur la Croix* de Grünewald. Le Christ est devenu sujet artistique quand le sentiment religieux était le plus intense. L'art islamique, dont la religion défend toute figuration, devient abstrait. Apollon est devenu l'adversaire du Bouddha à partir du moment où les Indiens se sont libérés des formes helléniques pour lesquelles ils n'avaient plus aucune affinité.

L'artiste affirme sa propre individualité dans l'œuvre d'art, en purifiant ses concepts, en les dénuant de toutes matières superflues ; souvent il rend ainsi son œuvre hermétique et incompréhensible au groupe (p. 100 [11]). En même temps, l'œuvre d'art, en tant qu'objet autonome, émerge du monde éphémère de l'artiste pour s'incorporer au domaine transcendant : par exemple *La Présentation au Temple* ou *La Rencontre à la Porte d'Or* de Giotto (*VS*, 253). Parfois la société ne comprend pas et est visiblement hostile à la nouvelle vision de l'artiste — théâtre d'avant-garde, musique concrète, roman nouveau — mais petit à petit ces représentations numineuses agissent sur la psyché de la collectivité (p. 91 [11]).

Le canon chrétien, l'élément culturel le plus important de la civilisation occidentale, est, selon Malraux, en train d'être remplacé par de nouvelles valeurs surtout dans la peinture et la sculpture actuelles. Ces conceptions modernes ne sont ni inférieures ni supérieures à celles de doctrine chrétienne — simplement différentes. Au Moyen Âge, par exemple, l'art était axé sur la vie à venir : le ciel, l'enfer, la rédemption, le salut — l'intemporel. La terre importait peu. La Renaissance apportait une autre vision. L'image archétypale de la terre et des joies terrestres prévalent : la fécondité et le sourire (comme l'a noté Malraux, ce « *Sourire furtif !* », *VS*, 251). Cette préoccupation avec la terre s'accroît à travers les siècles. Les peintres hollandais : Vermeer, Hals, Hobbema, et autres, peignent des intérieurs de maison, des campagnes, des fleurs, des fleuves, des scènes virtuellement inconnues au Moyen Âge. Leurs œuvres sont « une glorification de ce monde en opposition au monde à venir, une découverte et une sanctification de la beauté et de la vitalité du monde matériel, une louange à la vie de ce monde et à l'homme terrestre » (p. 95 [11]).

Mais la lutte intense que connaît l'artiste pendant ces époques transitoires est évidente dans les tableaux de Bosch, un artiste partagé entre le canon du Moyen Âge et celui de la Renaissance. Ses tableaux montrent le schisme qui existait entre l'ascétisme prôné par les docteurs scolastiques avec leurs obsessions de tentation, de châtiment, de douleur — et les sentiments d'épanouissement, de jouissance et de richesse de la Renaissance. Au milieu d'une toile de Bosch, infestée de visages démoniaques, un des sujets favoris du Moyen Âge, *Le Christ portant sa Croix* représente l'homme terrestre, seul avec son fardeau. Mais avec l'appréciation nouvelle de la terre, l'artiste abandonne les couleurs sombres et sa terre se transforme en « paradis terrestre » (p. 96 [11]).

L'artiste est un médium. C'est à travers lui que les forces de la nature et du cosmos passent, se manifestent et se synthétisent, créant ainsi des œuvres supra-terrestres, autonomes, immortelles ; ce sont ensuite ces œuvres qui affectent et influencent la collectivité. Malraux est le médium de notre époque. C'est à travers son œuvre, *Les Voix du silence*, que nous voyons opérer le passage entre les réseaux culturels des époques antérieures — se formant, se nouant, se confrontant, se détruisant, se re-cristallisant, s'intégrant dans l'œuvre d'art.

III

« La Création artistique » aborde la question de l'artiste en tant que maître de ses moyens. Cette troisième section, suivant le symbolisme du bouclier d'Achille, est associée à l'argent et à l'air. Élément actif, l'air est comparable à l'élan créateur, à l'artiste qui injecte l'âme dans une œuvre comme « L'Éternel Dieu [...] souffla dans les narines un souffle de vie et l'homme devint un être vivant. » (Gn II, 7).

Selon Martin Buber, l'être humain est poussé à donner forme au non-être pour la même raison que l'enfant « cherche à faire des choses [...] à faire sa part dans le devenir des choses » [13]. Mais combattre les traditions, détruire les tendances conventionnelles, ne suffit pas, « *si l'enfant est souvent artiste, il n'est pas un artiste* » (*VS*, 283). Une discipline est requise pour que la vision s'affermisse, pour que l'artiste puisse faire entendre sa voix intérieure, pour rendre compréhensible l'indicible. « *Les artistes ne viennent pas de leur enfance* [écrit Malraux] *mais de leur conflit avec des maturités étrangères : pas de leur monde informe, mais de leur lutte contre la forme que d'autres ont imposée au monde.* » (279).

L'artiste dépasse son époque car, en lui, cohabitent toutes les formes intérieures, enfouies dans les civilisations révolues. Malraux cite Degas : « *Vous avez déjà vu quelqu'un naître tout seul ?* » (*VS*, 310). La discipline de l'artiste consiste donc à élargir sa vision, à inclure ce passé indicible, en méditant, en poursuivant un trajet orphique, quelles que soient la peur et la souffrance qu'engendre une telle descente en soi. La création personnelle géniale naît, poursuit Malraux, « *de la fascination de l'insaisissable, du refus de copier des spectacles ; de la volonté d'arracher les formes au monde que l'homme subit pour les faire entrer dans celui qu'il gouverne* » (318). Le mot *arracher* dont Malraux se sert à maintes reprises, est un mot clef. Il indique une violence, une virulence, une douleur intrinsèque à l'acte créateur. Les tableaux de Rembrandt, *L'Adoration des bergers* de Piero della Francesca, *La Maison de Vincent* de Van Gogh, sont envisagés comme autant « d'arrachements » aux normes — une action intransigeante.

L'artiste — comme le héros, comme Malraux lui-même — « *ne se soumet jamais au monde, et soumet toujours le monde à ce qu'il lui substitue* » (*VS*, 322). Michel-Ange dans *Le Jugement Dernier* nous donne un « *étrange colosse dont le geste de malédiction jette aux ténèbres les coupables arrachés à l'éphémère nuit du tombeau* ». L'artiste « filtre » le monde ; il lègue aux générations à venir une représentation des canons culturels personnels ainsi que collectifs : par exemple la transformation du concept du Christ dans les œuvres de Michel-Ange, Donatello, Verocchio, Tintoret, Rubens ; les Égyptiens et leurs sculptures de chats, de divinités théromorphiques et ithyphalliques ; les Futuristes inspirés par les machines et l'industrie ; Hals peignant les bons vivants ; Goya, les fous ; Delacroix, Ingres et Corot — tous les trois produits de leur époque et pourtant manifestant leur génie de façons si différentes. Chaque artiste, selon De Chirico, tâche de concrétiser sa vision métaphysique [14].

Malraux, pas plus que Jung, ne croit que l'homme soit capable de déceler le mystère du génie : « *Sans doute ne pouvons-nous analyser la cristallisation soudaine du génie comme nous tentons de le faire du processus créateur : mais analysons-nous davantage cette cristallisation lorsqu'elle est celle du mathématicien, du physicien ?* » (304).

IV

« La Monnaie de l'Absolu », l'ultime partie des *Voix du silence*, a trait à l'émergence de l'humanisme dans le domaine artistique, à la suite de la détérioration du Christianisme. En poursuivant l'image du bouclier d'Achille, cette section des *Voix du silence* est associée au cuivre et à la terre. Elle est la plus difficile à suivre, la moins rationnelle, la plus émotionnelle, baignée sans cesse dans une multiplicité vertigineuse de formes d'art, d'allusions, de citations, de reproductions, déroutant parfois le lecteur, lui infligeant à certains instants le vertige. Il est évident que Malraux souffre, intensément, des maux de la terre.

L'image archétypale de la terre est à son apogée. Certains peintres au XIXe et au XXe siècles ont cherché, frénétiquement, à concrétiser de nouvelles expériences numineuses, de « recomposer le monde ». Cette recherche les a attirés vers les civilisations antérieures, et les cultures primitives. Gauguin, Rousseau, Picasso, Braque et d'autres se sont initiés au monde des primitifs. Leur attirance, en contraste direct avec la cérébralité et le scientifisme de l'époque, n'était pas intellectuelle mais plutôt viscérale, intuitive, instinctive. Trop longtemps axés vers l'abstrait, ils ont voulu se replonger dans la nature, dans l'animisme, au sein de la mère-terre. Ils se sont défaits de ce temps linéaire introduit avec le Judéo-Christianisme. L'artiste moderne a redécouvert les démons, les esprits saillants provenant des Nouvelles-Hébrides, de Tiki, d'Océanie, de la Nouvelle-Zélande, du Gabon, de la Côte d'Ivoire (*VS*, 555). Ils ont été subjugués par ces formes.

De nouvelles optiques cosmiques se sont fait jour à travers les symboles découverts dans ces pays lointains, contrastant violemment avec les formes étudiées et prônées par les académies conventionnelles à Paris, Rome, Londres et New York. Miró disait qu'il fallait rester près de la nature où tout importait, dans un univers mystérieux et passionnant. Il fallait que l'artiste moderne redécouvrît le sentiment de la magie et du sacré qu'il avait perdu dans son monde trop civilisé, trop scientifique et ultra cérébral (p. 51 [15]).

L'art du xxe siècle déclenche un double mouvement : terrestre, comme nous venons de le voir, mais d'orientation métaphysique également, tâchant ainsi de combler un vide ressenti intensément par l'homme incapable de supporter sa solitude dans un monde sans au-delà. Le Cubisme entretient la notion de l'espace ; le Futurisme celle de l'idée du temps ; le Surréalisme celle de l'espace-temps [16]. L'isolement que ressent l'homme moderne crée un climat intérieur insalubre, qu'il cherche à transformer, à purifier à travers sa créativité. *« La voix de l'artiste tire sa force de ce qu'elle naît d'une solitude qui appelle l'univers pour lui imposer l'accent humain ; et, dans les grands arts du passé, survit pour nous l'invincible voix intérieure des civilisations disparues. »* (*VS*, 628).

C'est dans les musées — réels ou imaginaires — que Malraux, ainsi que tout homme sensible, peut prendre conscience de ce double aspect : temporel et intemporel, éphémère et éternel. Les formes héritées de ses ancêtres font partie de sa propre substance, vivent en lui et se manifestent de façons variées dans un écoulement perpétuel vers l'œuvre d'art — ainsi donc surmontant la mort :

C'est nous, et non la postérité, qui révélons le trésor des siècles, depuis que la création est devenue pour nos artistes une valeur suprême [...]. Nous ne collectionnons ni les bas-reliefs effacés, ni les oxydations ; ce n'est pas la présence de la mort qui nous retient, c'est celle de la survie.

(*VS*, 631)

Chacun des chefs-d'œuvre est une purification du monde, mais leur leçon commune est celle de leur existence, et la victoire de chaque artiste sur sa servitude rejoint, dans un immense déploiement, celle de l'art sur le destin de l'humanité.

L'art est un anti-destin.

(VS, 637)

*

L'art, pour Malraux, n'est pas une échappatoire. Au contraire, il rend la réalité plus concrète, les sensations plus saisissantes, le mystère plus impressionnant. Matisse disait : « Le dessin pour moi est la traduction la plus directe, la plus pure de mes émotions. » (p. 110 [15]). Pour Malraux, c'est le mot, la phrase, le paragraphe, le livre.

Œuvre hallucinante, fébrile, hétéroclite, *Les Voix du silence* met le lecteur en rapport direct avec les formes d'art des civilisations passées ou lointaines qui parlent toutes du génie créateur de l'homme. Malraux, ce voleur de feu, nous révèle sa vision prométhéenne dont l'éclat nous saisit, nous brûle, nous aveugle et nous éblouit. Nous l'absorbons, nous la distillons et, transcendant notre temporalité, cette vision devient éternelle.

NOTES

ÉDITIONS UTILISÉES

TOb Paris, Gallimard, 1974.
VS Paris, La Galerie de la Pléiade, 1951.

*

1. Stéphane MALLARMÉ, *Œuvres complètes* (Paris, Gallimard, « Bibl. de la Pléiade », 1945), p. 434.

2. Jolande JACOBI, *Complex Archetype Symbol* (Princeton, Princeton University Press, 1959).

3. Denis DIDEROT, *Œuvres complètes* (Paris, Gallimard, « Bibl. de la Pléiade », 1951), p. 900.

4. Erich NEUMANN, *Depth Psychology and a New Ethic* (New York, G. P. Putnam's Sons, 1969).

5. Gershom G. SCHOLEM, *Major Trends in Jewish Mysticism* (New York, Schocken Books, 1961), p. 218.

6. Helmuth PLESSNER, « On the Relation of Time to Death », *Eranos Yearbooks*, III (New York, Pantheon Books, 1957).

7. Henri-Charles PUECH, « Gnosis and Time », *Eranos Yearbooks*, III (*op. cit.*), pp. 40–3.

8. Gaston BACHELARD, *La Psychanalyse du feu* (Paris, Gallimard, « Idées », 1949), p. 19.

9. C. G. JUNG, *Psychological Types* (Great Britain, Pantheon Books, 1964), p. 325.

10. Mircea ELIADE, « La Vertu créatrice du mythe », *Eranos Jarhbuch* (Zurich, Rhein Verlag, 1957), p. 60.

11. Erich NEUMANN, *Art and the Creative Unconscious* (New York, Pantheon Books, 1959).

12. C. G. JUNG, *Man and his Symbols* (New York, Doubleday and Co, 1964), p. 110.

13. Martin BUBER, *Education through Art* (London, Faber and Faber, 1958), Chapter 9.

14. Massimo CARRA, *Metaphysical Art* (New York, Praeger Publishers, 1971), p. 87.

15. Herbert READ, *Art and Alienation* (New York, The Viking Press, 1970).

16. Herbert READ, *The Forms of Things Unknown* (New York, Horizon Press, 1960), p. 147.

3

MALRAUX
ET L'INSCRIPTION DE L'ART :
LES IMAGES PLASTIQUES
DANS *L'ESPOIR*

par Philippe CARRARD

L A critique a souvent remarqué la présence, dans les romans de Malraux, de personnages s'intéressant aux arts. Elle a relevé, également, le nombre de discussions ayant pour thème la création esthétique[1]. Notre objet est un peu différent. Si l'on admet que le procédé rhétorique connu sous le nom d'*image* est toujours constitué de deux termes, un comparé (parfois implicite) et un comparant, il s'agira d'étudier le rôle de l'art comme comparant ; c'est-à-dire non comme sujet de réflexion, mais comme élément de référence et aspect d'une écriture. Notre propos, précisons-le d'emblée, n'est pas de contribuer à la poétique de l'image. Nous donnons donc au terme un sens très large, qui englobe les divers aspects de la comparaison et de la métaphore. D'autre part, nous n'examinerons du comparant « arts » que ce qui a trait aux arts plastiques : peinture, sculpture, dessin, architecture. En effet, il semble que les autres domaines, notamment le théâtre et le cinéma, aient, lorsqu'ils sont utilisés comme images, un rôle très différent ; celui-ci a été analysé par Ralph Tarica[2], et nous n'y reviendrons pas. Nous nous bornerons, dans le cours de l'étude, à souligner ce qui sépare les deux systèmes de référence. Enfin, nous ferons porter l'analyse non sur l'ensemble de la production romanesque de Malraux, mais sur un texte seulement : celui de *L'Espoir*. Nous voulons, en effet, donner à cette analyse un caractère détaillé. Et ce que nous proposons d'appeler les *images plastiques* semblent être particulièrement nombreuses dans *L'Espoir* [3], de même, d'ailleurs, que jouer dans le récit un rôle fonctionnel, étroitement lié à la signification même.

Différents aspects des arts plastiques peuvent, dans *L'Espoir*, être utilisés comme comparants. La classification proposée ici est nécessairement arbitraire. De même, la liste des images ne prétend pas à l'exhaustivité. Elle constitue simplement une sorte de corpus très réduit, auquel nous nous référerons dans le cours du travail. Les comparants, selon leur nature, ont été divisés en quatre catégories. Celles-ci renvoient :

1. À un terme du vocabulaire de l'art :

La vague d'assaut, balayée par les trois nids de mitrailleuses, laissa son FESTON de tués, et reflua. (455) [4]

Un milicien traversa le terrain tabou. [...] Le soleil presque vertical projetait sous ses pieds l'ombre de son chapeau mexicain, et il avançait ainsi SUR UN SOCLE NOIR. (596)

2. À un type d'œuvre d'art non localisé de manière explicite dans l'espace et/ou dans le temps :

Sur le ciel, dont l'ardoise se fonçait d'instant en instant, le profil de l'appareil glissait, AVEC UNE PRÉCISION DE PAPIER DÉCOUPÉ, au centre d'un halo bleu pâle, net COMME LES MONUMENTS SUR UN FOND D'ÉCLAIRAGE AU MERCURE. (568)

Magnin alla de village nocturne en village nocturne, des salles de bric-à-brac aux grandes salles de chaux blanche où délégués et paysans en blouses noires, debout, faisaient sur les murs DES FRESQUES D'OMBRES ; [...]. (812)

À l'angle du chemin comme le pommier tout à l'heure, attendait un petit guerrier sarrasin, noir sur le ciel, AVEC LE RACCOURCI DES STATUES À HAUT PIÉDESTAL : le cheval était un mulet, et le Sarrasin était Pujol, en serre-tête. Il se retourna et, de profil COMME SUR LES GRAVURES, cria : « V'là Magnin ! » dans le grand silence. (828)

Sous le champignon de la tourelle retournée, Mireaux, les membres dépassant le pilon de la tourelle dont le haut pesait sur son épaule brisée COMME DANS LES GRAVURES DE VIEUX SUPPLICES ; [...]. (828-9)

Les deux premiers porteurs, voyant que Magnin voulait parler, déposèrent la civière avant les seconds et, pendant un instant, le corps demeura oblique, COMME UNE PRÉSENTATION DU COMBAT. (832)

Magnin, STATUE ÉQUESTRE de travers sur son mulet sans selle, regardait le pommier debout au centre de ses pommes mortes. (835)

3. À un type d'œuvre d'art localisé de manière explicite dans l'espace et/ou dans le temps :

À chaque obus, le canon, qui n'était pas fixé, reculait rageusement, et les miliciens de Lopez, leurs bras nus tendus aux rayons de ses roues COMME DANS LES GRAVURES DE LA RÉVOLUTION FRANÇAISE, le ramenaient en place tant bien que mal. (464)

Magnin observait ce visage aux cheveux ondulés DE MÉDAILLE VÉNITIENNE, et cette combinaison en sac. (499)

Autour de [Hernandez] devenaient peu à peu distinctes sur le mur des taches régulières dont il était entouré COMME LES STATUES DE CERTAINS SAINTS ESPAGNOLS LE SONT DE COURTS RAYONS : des semelles et des formes de cordonnier. (534)

Golovkine avait les pommettes marquées, TOUTE LA FIGURE BOSSELÉE DES PAYSANS DANS LES SCULPTURES GOTHIQUES. (595)

Le sentier passait derrière un roc vertical qui, par instants, le surplombait ; là où il changeait définitivement de direction était un pommier, EN SILHOUETTE JAPONAISE sur le ciel au milieu d'un champ minuscule. (827)

4. À un artiste particulier ou à une œuvre précise :

Au rez-de-chaussée déjà presque obscur du ministère, il y avait des armures ; et l'écrivain catholique, long, blond pâle COMME TANT DE PORTRAITS DE VELASQUEZ, seul au milieu de ces grandes marches blanches, semblait sorti d'une des armures historiques, et destiné à y rentrer à la naissance du jour. (690)

La porte s'ouvrit sur un vieillard massif, très grand, une tête à la barbe en fer de lance enfoncée entre de larges épaules voûtées. Mais dès qu'il se trouva sous l'ampoule électrique du couloir, Scali s'aperçut que les poils modifiaient CE GRECO COMME L'EÛT FAIT LA COPIE D'UN PEINTRE BAROQUE [...]. (698)

Au tour de Marcelino. Il arrivait en combinaison sans ceinture, regardant ses pieds avec un air de *Cruche cassée*. (499)

À côté de ces renvois immédiats, il faut tenir compte d'un autre type de référence, indirecte : celle à des scènes ou à des personnages qui ne constituent pas nécessairement des sujets de tableaux ou de sculptures, mais qui, dans le texte, apparaissent inséparables de leur iconographie. Le phénomène est très perceptible lorsque le récit va chercher ses comparants dans deux autres aspects de la culture :

1. L'histoire :

Les paysans connaissaient Manuel depuis la propagande de Ramos dans la Sierra. Ils éprouvaient pour lui une sympathie prudente, qui allait s'accentuant au fur et à mesure qu'il était plus mal rasé et que ce visage DE ROMAIN un peu alourdi, aux yeux vert clair sous des sourcils très noirs, devenait une tête de matelot méditerranéen. (481)

À travers la porte ouverte de la grande salle, AVEC LEURS PROFILS D'ÉCLOPÉS DES GRANDES COMPAGNIES, les blessés [...] marchaient, leur bras saucissonné de linge tenu loin du corps par l'attelle [...]. (514)

En observant l'Alcala et en prenant des notes pour son article du lendemain, Shade remarquait que le sculpteur, AVEC SON NEZ BOURBONIEN, malgré sa lippe et sa crête de cheveux, RESSEMBLAIT À WASHINGTON [...]. (468)

[Pradas] RESSEMBLAIT À UN MAZARIN QUI EÛT FAIT ÉPOINTER SA BARBICHE POUR RESSEMBLER À LÉNINE. (596)

2. La littérature, en particulier les textes légendaires, populaires ou sacrés, tels que *Don Quichotte* et la Bible :

[...] le regard fixé sur cet avion qui achevait de se consumer, et dont les courtes flammes, hors de l'eau, cachaient la couleur des bandes, [les miliciens] dominaient cette coulée d'épaules en avant et de mains en l'air, À LA FAÇON DES GUETTEURS DE LÉGENDE. (794)

[Vargas] se rassit, ses longues jambes allongées dans la mono, son étroit et osseux visage DE DON QUICHOTTE SANS BARBE plein d'amitié. (525)

Langlois, EN DON QUICHOTTE, bandeau saignant et orteils vers le ciel [...], les étonna [*les paysannes*] ; la guerre la plus romanesque, celle de l'aviation, pouvait-elle finir ainsi ? (837)

Le Négus leva la main droite AVEC LE GESTE DU CHRIST ENSEI-
GNANT : (603)
Derrière des groupes silencieux passaient des charrettes bosse-
lées de paniers et de sacs, où brillait un instant l'éclat écarlate d'une
bouteille ; puis, sur des ânes, des paysannes sans visage, et dont
pourtant on devinait le regard fixe, AVEC LA SÉCULAIRE DÉTRESSE DES
FUITES EN ÉGYPTE. (627)

Il n'est certes pas possible, dans les exemples qui précèdent,
d'établir avec certitude la nature du comparant. Et si des énoncés du type « *comme dans les gravures de la Révolution française* »
(464) renvoient sans ambiguïté à une œuvre, il n'en est pas
de même des dernières citations. Il est clair, cependant, que
le lecteur ne peut avoir des personnages ou des événements historiques que mentionne le texte (et à plus forte raison des personnages ou des événements fictifs) une connaissance directe ;
il n'en sait que ce qu'il en a appris par un intermédiaire (livre,
peinture, sculpture, photographie, cinéma, etc.), qui détermine
totalement la manière dont il les appréhende. Or il semble bien
que les images citées, peut-être parce qu'elles soulignent un
détail visuel (nez busqué, barbe pointue, main levée, etc.)
évoquent moins le souvenir d'une description écrite que celui
d'une représentation plastique : portraits de manuels d'histoire
pour Mazarin, Washington et les rois de France, gravures de
certaines éditions illustrées pour Don Quichotte, peinture,
sculpture ou fresques religieuses pour la Bible ; « *Fuites en
Égypte* » (627) est d'ailleurs écrit avec une majuscule, ce qui
tendrait à montrer, typographiquement, que le texte va chercher l'image non dans l'épisode même, mais dans la série
d'œuvres qui le figurent.

Que ces références soient directes ou indirectes, il serait
vain, comme on cherchait autrefois les « sources » du texte, de
tenter de leur découvrir un modèle. Certes, le jeu est parfois
tentant ; les allusions à Don Quichotte évoquent ainsi Gustave
Doré, et celles à certaines scènes bibliques la grande peinture
religieuse espagnole. Mais il faut, on le voit bien, se limiter à
ce que le texte *dit*. Si les images ne sont pas plus précises,

c'est d'ailleurs pour une raison qui semble être intérieure au récit : la fonction de l'imagerie plastique, on y reviendra, est d'élargir le conflit très localisé que constitue la révolution espagnole, d'en montrer l'aspect à la fois éternel et universel. Il est donc important que l'image comporte un certain caractère de généralité ; dans le cas qui nous occupe qu'elle rapproche tel personnage ou tel épisode non d'une œuvre mais plutôt d'un type d'œuvre, quitte à situer ce type dans l'espace et/ou dans le temps. Dans cette perspective, il est significatif que la seule référence à un tableau déterminé, *La Cruche cassée* de Greuze (mais l'auteur n'est pas identifié dans le texte), soit faite à des fins assez nettement humoristiques : pour montrer, par le recours à une toile très « datée », et représentant une jeune fille, l'embarras comique de Marcelino. Plus de précision dans les rapprochements aurait sans doute créé des effets du même genre ; ou, alors, aurait donné au texte un certain ton d'érudition, qui n'aurait pu que desservir le propos fondamental.

Jusqu'ici nous avons considéré les images dans leur nature, mais sans tenir compte de ce qu'on pourrait appeler leur source narrative. Or il faut bien se demander *qui* déchiffre le spectacle en termes d'histoire (ou avec le vocabulaire) de l'art, *pour qui* les personnages et leurs actions apparaissent comme des tableaux, des sculptures ou des monuments ; c'est-à-dire poser le problème du point de vue, de la perspective selon laquelle sont perçus les faits rapportés dans le récit. Distinguons immédiatement, à ce sujet, entre deux questions : celle du mode ou focalisation (« qui voit ? »), et de la voix ou narration (« qui parle ? ») ; questions souvent confondues dans les multiples classifications portant sur l' « origine » du récit, mais qui sont en fait de nature différente [4]. S'interroger sur la perspective qui oriente un texte narratif, en effet, n'est pas en rechercher le narrateur. Pour revenir à un exemple canonique, Strether est le personnage sur lequel est focalisé le récit dans *Les Ambassadeurs* ; cependant, ce n'est pas lui qui raconte sa propre histoire. L'énonciation en est confiée à un narrateur hétérodiégétique, qui ne se confond avec aucune des figures du roman. Inversement, déterminer à qui appartient la voix qui parle, le récit ne nous donne aucun renseignement sur le type de focalisation ; et le personnage disant « je », par exemple, peut nous ouvrir sa propre conscience seulement (*L'Étranger*), ou au contraire nous faire pénétrer à l'intérieur de la conscience des autres protagonistes (*À la recherche du temps perdu*, en particulier *Un Amour de Swann*). « Mode » et « voix » sont donc des phénomènes distincts, qu'il convient d'examiner séparément ; mais ils entretiennent aussi, bien sûr, des relations de complémentarité, et celles-ci devront être analysées.

Dans *L'Espoir*, le mode qui prévaut est ce que Jean Pouillon appelait dans une étude classique [5] la vision « avec ». La plupart des scènes qui constituent l'ouvrage privilégient en effet une figure centrale (que nous appellerons personnage-foyer, ou réflecteur), par rapport à laquelle sont présentés les autres protagonistes, l'action, le décor, etc. [6]. Pour retourner à quelques-uns des exemples de notre corpus, c'est Shade qui voit avancer le milicien « *sur un socle noir* » (596) ; Garcia qui distingue Hernandez dans la pénombre, entouré de taches « *comme les statues de certains saints espagnols le sont de courts rayons* » (534) ; Manuel qui aperçoit par la porte ouverte d'une des salles de l'hôpital les blessés « *avec leurs profils d'éclopés des Grandes Compagnies* » (514) ; et Magnin, marchant à la rencontre des aviateurs secourus par les paysans, qui voit successivement Pujol « *de profil comme sur les gravures* » (828), puis le corps de Gardet « *oblique, comme une Présentation du combat* » (832). Très nettement, ces descriptions s'organisent à partir d'un foyer ; et l'écriture tend à s'accorder à l'ordre de la perception (Magnin remonte la colonne des blessés), à préciser ce qui la permet ou la rend difficile (la porte ouverte, la pénombre), voire à en reproduire, de manière métaphorique, les illusions (« *sur un socle noir* », 596).

Au passage, notons cependant que le centre de perspective n'est pas toujours dans *L'Espoir* déterminé d'une manière aussi nette. Pour ne prendre qu'un seul exemple, le personnage peut être vu lui-même directement, sans que le regard (comme c'est le cas notamment chez Henry James) n'ait été transféré au préalable à l'un des autres protagonistes. Dans l'épisode de la descente de la montagne, Magnin est décrit à un certain moment (lorsqu'il va contempler le cortège des aviateurs pour la seconde fois) comme une « *statue équestre* » (835). Or, de toute évidence, ce n'est pas lui qui se voit de cette manière, et le point de vue n'a pas « tourné », n'a pas été attribué à un autre personnage. Il y a là altération du parti pris modal qui dominait dans la scène, passage à un récit focalisé sur un témoin implicite, qui « verrait le personnage en train de voir ». Ces altérations sont d'ailleurs fréquentes : Malraux, pas plus que les autres romanciers français des années Trente, n'éprouve ces scrupules du point de vue qui obsédaient les Anglo-Saxons. Chez lui le récit peut constamment se retourner, en l'occurrence faire du personnage qui oriente la description un élément de cette description même.

Si l'on se demande maintenant qui parle, il apparaît dès l'abord que la situation de récit dans *L'Espoir* est semblable à celle qui a été décrite plus haut au sujet des *Ambassadeurs* ; à savoir qu'il y a disjonction des foyers visuel et narratif, que le récit est focalisé sur un personnage (ou un groupe de personnages), mais qu'il est parlé par une instance narrative située en dehors de la diégèse. Ces personnages peuvent être évidemment cités, et cela à des degrés divers : directement dans le discours rapporté ou le discours immédiat, indirectement (il y a alors médiation du narrateur) dans le discours raconté ou le discours transposé. Mais aucune des images que nous avons relevées et, à notre connaissance du moins, aucune des images plastiques dans le roman, ne vient immédiatement du personnage qui parlerait à autrui ou se parlerait à lui-même. La seule exception serait la phrase « *Regarde ça : quel tableau !* » (834) que prononce Magnin à l'intention de Scali à la vue du cortège des aviateurs, et qui contient bien sûr une métaphore ; mais c'est une métaphore « faible », à la limite de la métaphore d'usage, et l'effet en est encore désamorcé par la mention de ce qu'elle « *tap[e] sur les nerfs* » de Scali.

62

La question qu'on pourrait poser serait alors la suivante : si c'est le personnage qui « voit » mais le narrateur qui « parle », qui finalement endosse l'image ? Ou, d'une manière plus simple, qui « voit comme » ? Gardons-nous de l'illusion référentielle, qui consisterait à croire que le narrateur fixe les « impressions » d'un personnage existant en dehors du texte. Si le problème est important, en effet, c'est en termes de distribution des rôles *à l'intérieur* du récit : narrateur et personnages peuvent être ensemble à la « source » de l'image, et il n'est pas indifférent pour la grammaire narrative malrucienne, ni d'ailleurs, on le verra, pour la signification même de l'œuvre, que ce soit l'un plutôt que l'autre qui prenne en charge le « comme ». Dans cette optique, et en conservant pour l'instant un point de vue strictement descriptif, on peut distinguer de l'image divers degrés d'attribution et de motivation.

Tout d'abord, l'image peut être *explicitement* attribuée au personnage, et motivée par ce que nous proposons d'appeler sa compétence : non sa position focale, qui justifie ce qui est vu de l'objet et un certain angle de perception (« *de profil* », 834), mais sa formation, ses voyages, sa culture, d'une manière générale tout ce que nous savons de lui et qui contribue à nous en donner une certaine idée. À vrai dire, il n'y a dans *L'Espoir* qu'une seule occurrence manifeste de ce type de motivation. Après avoir présenté le journaliste soviétique Golovkine comme ayant « *les pommettes marquées, toute la figure bosselée des paysans dans les sculptures gothiques* » (595), le texte enchaîne en disant du réflecteur, le journaliste américain Shade, que « *passé à Moscou pour un reportage, [il] avait noté que les Russes, tout près de leur origine paysanne, ressemblent souvent aux figures occidentales du Moyen Âge* ». Tout se passe là comme si Malraux, auteur-régisseur, tenait à faire endosser l'image par l'un des protagonistes, comme s'il tenait à justifier aussi le fait qu'un parallèle entre la Russie soviétique et le Moyen Âge occidental est donné par l'intermédiaire d'un Américain. Il faudrait remarquer, cependant, que le verbe *ressembler* n'est pas à l'imparfait mais au présent ; la constatation n'est donc pas le privilège de Shade, bien plutôt une sorte de vérité intemporelle, que le personnage lui-même n'aurait fait que redécouvrir.

En second lieu, et le cas est beaucoup plus fréquent, l'image peut être non attribuée de manière directe au réflecteur, mais motivée *implicitement* par sa compétence. Lorsque Scali rend visite au père de Jaime Alvear pour tenter de lui faire quitter Madrid, « il s'aperçoit » à la lumière « *que les poils modifi[ent] ce Greco comme l'eût fait la copie d'un peintre baroque* » (698). Or, même si le texte ne le rappelle pas à cet endroit, nous savons que Scali est historien de l'art ; quelle que soit l'ambiguïté du verbe introducteur (que comprend le « s'aperçoit » ?), nous sommes donc enclins à faire endosser le rapprochement par le personnage. On pourrait d'ailleurs, bien que le phénomène soit moins évident qu'à propos de Scali, en dire de même de toutes les images plastiques qui apparaissent dans des descriptions centrées sur des réflecteurs « compétents ». C'est l'ethnologue Garcia qui est personnage-foyer dans les scènes où Guernico est vu en Velasquez et Hernandez en « *roi d'Espagne des portraits célèbres qui ressemblent tous à Charles Quint jeune* » (534) ; l'ingénieur Manuel (élevé par les prêtres, bon musicien, etc.) dans celle où les blessés ont des profils « *d'éclopés des Grandes Compagnies* » (514) ; et Magnin, autre ingénieur (il sort de Centrale, ce qui implique une certaine formation « humaniste »), dans l'épisode où les parallèles avec l'art (« *comme sur les gravures* » [828], « *comme une Présentation du combat* » [832], « *en silhouette japonaise* » [827], etc.) sont les plus nombreux : celui de la descente de la montagne. Les connaissances culturelles des personnages sont là connues du lecteur, et elles fonctionnent comme des sortes de garanties : ce sont elles qui tendent à fondre le regard et la parole, à faire que le récit est perçu comme venant d'une, non de deux sources. Si l'on faisait passer le texte, comme le suggère Roland Barthes dans son « Introduction à l'analyse structurale des récits » [7], de la troisième à la première personne, il est certain que le lecteur accepterait le nouveau texte, et n'y verrait aucun défaut de cohérence.

Il faut faire la part, enfin, de certains cas où l'image n'est ni attribuée explicitement au personnage, ni motivée implicite-ment par sa compétence. Un des caractères de *L'Espoir* est d'accorder une certaine place à des personnages d'origine popu-laire, et il arrive occasionnellement que le récit soit focalisé sur un groupe, ou sur le représentant d'un groupe, dont les quali-fications sont assez éloignées de celles de Scali ou de Garcia. Or ces changements dans la nature du réflecteur ne modifient guère l'imagerie. Ainsi, ce sont les mécaniciens des brigades qui voient les moustaches de Magnin « *floues dans le dernier rayon de soleil dépasser le profil de totem du commissaire* » (561) ; les paysans d'un village de la Sierra qui éprouvent à l'égard de Manuel une sympathie « *qui allait s'accentuant au fur et à mesure [...] que ce visage de Romain un peu alourdi, aux yeux vert clair sous des sourcils très noirs, devenait une tête de matelot méditerranéen* » (481) ; et Pujol, après le capotage de l'avion, qui voit la tourelle peser sur l'épaule brisée de Mireaux « *comme dans les gravures de vieux supplices* » (828-9). Certes, l'évocation est ici située par rapport à l'un des personnages de la scène. Mais le narrateur déborde manifestement le réflecteur, qui ne pour-rait prendre en charge des expressions aussi étrangères à son monde que « *profil de totem* », « *visage de Romain* » ou « *gravures de vieux supplices* » ; et le transfert à la première personne donne-rait des résultats assez étranges, puisqu'il ferait de personna-ges sans culture des gens qui connaissent l'art, son histoire et ses réalisations dans différentes sociétés. Disons cependant, pour éviter tout malentendu, que la compétence des protago-nistes ne peut être vérifiée de manière formelle, fût-ce par le passage au « je » proposé par Barthes. Que savaient les mécani-ciens des brigades ? Comment parlaient des paysans ou des ouvriers espagnols des années Trente ? La décision d'attribuer l'image au narrateur ou au personnage ne dépend pas de cri-tères grammaticaux, puisque rien ne s'oppose, syntaxiquement par exemple, à ce que les mécaniciens « parlent » le profil de totem et les paysans le visage de Romain ; elle repose sur une certaine idée du vraisemblable, idée dont on pourra, comme tout ce qui a rapport à cette notion, discuter les fondements [8].

Cette classification comporte évidemment une part d'arbitraire, et devrait être nuancée. Mais elle permet de répondre, dans les grandes lignes, à la question posée plus haut : *qui* dans le récit compare le spectacle à une œuvre d'art ? En effet, la présence de réflecteurs compétents fait que la plupart des images apparaissent ambiguës dans leur source, qu'elles pourraient « venir » du personnage aussi bien que du narrateur. Nous avons dit, à propos des altérations du parti pris focal, qu'il ne semblait pas y avoir chez Malraux de préoccupation pour les problèmes narratifs en tant que tels. Cependant, le fait qu'un écrivain n'apporte pas de solution délibérée à certaines questions n'implique pas que celles-ci n'ont pas reçu de réponse. À cet égard, on pourrait se demander si le choix d'intellectuels comme foyers du récit, choix souvent interprété en termes de psychologie comme une incapacité de Malraux à sortir de lui-même, ne viendrait pas aussi, sur un autre plan, d'une certaine sensibilité à des incompatibilités de langage ; et ne constituerait pas précisément cette réponse, sans doute instinctive, que Malraux donne à certains problèmes narratifs. L'utilisation de ce qu'on pourrait appeler des réflecteurs *optimum* permet en tout cas de justifier non seulement l'élévation du propos dans le dialogue, mais aussi — et c'est ce qui nous intéresse directement — la richesse du « perçu comme » dans le texte narratif proprement dit. Dans un récit qui multiplie les parallèles, les rapprochements, les références érudites, la compétence agit donc comme un puissant facteur de cohésion : c'est elle qui lie entre eux les divers types d'énoncés, motive les commentaires subjectifs, assure la fusion de ce qu'on a parfois appelé, à la suite de Benveniste, l' « histoire » et le « discours » [9]. En cela, elle permet de rendre compte d'un certain sentiment d'unité, partant, d'un certain *plaisir* éprouvé à la lecture du texte.

Tout ensemble d'images renvoie bien sûr à un projet d'écrivain. On sait que Malraux s'était depuis toujours intéressé à l'art, et que son engagement politique aux côtés de la gauche, dans les années Trente, n'avait en rien diminué cette passion ;

ce dont témoignent, à des titres divers, les discours prononcés à Moscou en 1934 au Congrès des écrivains soviétiques, et à plusieurs réunions d'intellectuels anti-fascistes vers 1935-36 [10]. Par ailleurs, Malraux travaillait déjà à cette époque à sa *Psychologie de l'Art*, dont les extraits devaient paraître, peu de temps après *L'Espoir*, dans la revue *Verve* [11] : à la surprise de certains observateurs, dont Aragon, qui jugeaient difficilement conciliable le « réalisme » du livre et les professions de foi antimimétiques des articles de *Verve*, et voyaient là un décalage entre la théorie et la pratique, les « conceptions esthétiques affichées » et l' « évolution historique des romans » [12]. Or il ne s'agit pas d'une contradiction : plutôt de la présence simultanée d'exigences certes diverses, mais qui comportent des éléments communs. Et les images plastiques, dans un livre dont la matière est si ostensiblement empruntée à l'actualité politique, montrent la continuité d'une préoccupation, en même temps qu'elles inscrivent dans le texte même une certaine idée de l'homme, dans ses rapports avec le monde et avec l'art : idée qui était en train de s'élaborer à l'époque, et qui devait recevoir sa formulation définitive dans *Les Noyers de l'Altenburg*, puis dans les grands essais sur la création esthétique.

Pour tenter de définir, dans cette perspective, ce qu'impliquent les images auxquelles nous nous sommes attaché, il faut distinguer de celles-ci divers niveaux de signification. Tout d'abord, ce qui est le plus évident, l'image établit une relation entre un aspect particulier d'une certaine scène du livre et une œuvre d'art considérée dans son *sujet*. Par le biais de la peinture et de la sculpture, la guerre d'Espagne est ainsi constamment rapprochée d'entreprises du passé, notamment d'entreprises de conquête et/ou d'organisation où s'affrontent des idéologies. Les références à Mazarin, à Lénine, à la Bible, aux Grandes Compagnies ou à la Révolution française apparaissent ici particulièrement significatives : elles élargissent le conflit très localisé que constitue la révolution espagnole et, l'ancrant dans toute une tradition héroïque d'expéditions et de combats, en marquent l'aspect éternel et universel. « *Je ne me suis pas soucié d'une photographie* », écrit Malraux dans la préface aux *Chênes qu'on abat...*, « *j'ai rêvé d'un Greco ; mais non d'un Greco dont le modèle serait imaginaire* ».

Rétrospectivement, et dans le système même de métaphores qui nous occupe, cette formule définit le caractère essentiel de *L'Espoir* que traduisent les images plastiques : le passage de la photographie à la grande peinture, ou plutôt, en termes purement littéraires, du reportage à l'évocation épique, du compte rendu à la chanson de geste. Certes, le rapprochement avec les arts plastiques n'est pas le seul procédé de style qui marque ce changement de dimension : l'allongement de la période, le recours dans l'organisation de la phrase à des rythmes complexes, sont d'autres éléments du ton « élevé » qui peuvent remplir le même rôle. Mais l'imagerie plastique reste sans doute le moyen privilégié de la transfiguration, et on voit bien ici tout ce qui la distingue de l'imagerie empruntée aux autres arts, notamment au théâtre ou au cinéma. En effet, comme l'a montré Ralph Tarica, les parallèles avec l'écran ou avec la scène tendent à créer des effets incongrus, ou alors à introduire dans l'œuvre un élément d'ironie : ils marquent la distance prise à l'égard de l'événement par un observateur lucide, réduisent à l'échelon inférieur une action qui apparaît « jouée ». Au contraire, à quelques exceptions près (nous avons parlé plus haut de *La Cruche cassée*), l'imagerie plastique agrandit cette action, en marque la beauté ou les prolongements ; et elle traduit l'admiration de l'observateur (pensons à Magnin durant la descente de la montagne) pour le spectacle qui s'offre à ses yeux.

Par ailleurs, il est important que l'image ne lie pas de manière directe deux événements ou deux personnages, mais l'un des deux et la représentation plastique de l'autre : par exemple, Magnin et une statue représentant un homme sur un cheval. En effet, le parallèle ne s'opère plus alors avec un sujet seulement, mais, plus profondément peut-être, avec l'acte créateur par lequel ce sujet est figuré. Ainsi, il faut remarquer que l'image porte souvent sur un détail de l'œuvre que caractérise son haut

degré de stylisation : main levée du Christ enseignant, bra
tendus des canonniers de la Révolution française, corps oblique
de la Présentation du combat, etc. ; donc, sur un aspect de
cette œuvre qui renvoie moins à l'en-dehors du tableau ou de
la sculpture, au modèle considéré pour lui-même, qu'au travail
de mise en forme de l'artiste.

C'est sur ce point, avec le privilège du recul, qu'on pourrait
nuancer le jugement d'Aragon : de nature différente, les entreprises politique et artistique ne se rejoignent pas moins en
ce qu'elles tendent toutes deux à donner forme, ou plutôt,
pour nous servir d'un terme qui revient souvent chez Malraux
lui-même, à « métamorphoser »; en ce qu'elles participent donc,
finalement, de la même ambition métaphysique : celle qu'a
l'homme de maîtriser son destin, de vaincre cet extérieur de
lui-même qui lui impose la « *conscience de sa condition* » (*VS*,
628). Certes, si ce n'est à l'occasion de quelques entretiens
(Shade—Lopez, Scali—Alvear surtout), le thème de l'art n'est
pas dans *L'Espoir* développé en tant que tel. Mais il n'en apparaît pas moins en filigrane dans le système d'images que nous
avons défini. Et cette présence est peut-être d'autant plus significative qu'elle ne se marque pas dans les professions de foi
des personnages ou du narrateur, mais qu'elle se manifeste dans
l'écriture même : écriture qui fonde la parenté existentielle de
différentes attitudes, en même temps qu'elle annonce, probablement sans la volonté consciente de l'écrivain, une certaine
vue de l'homme que développeront les ouvrages ultérieurs.

Disons enfin que le projet d'élargir le conflit espagnol, de le
rattacher à ce que Malraux conçoit comme la lutte éternelle
de l'homme contre son destin, ne ressort pas que de l'imagerie
en tant que telle. Il s'inscrit, et c'est pourquoi nous avons
insisté si longuement sur des problèmes d'ordre narratif, dans
la récurrence de l'image avec des réflecteurs très divers ; puis,
de manière plus significative encore, dans le décalage occasion-
nel du mode et de la voix, le débordement du personnage par
le narrateur. Comme toute altération du parti pris narratif,
ce *jeu* (au sens où l'on dit d'une porte qu'elle a du « jeu ») est

en effet révélateur : il montre ce qu'on pourrait appeler l'*insistance* de l'image, le fait que celle-ci doit se placer, fût-ce au prix d'une entorse au vraisemblable du texte ; et, en cela, il fait apparaître d'autant plus essentiel le propos que cette image sous-tend. Remarquons toutefois que ce léger déboîtement ne se marque que dans une lecture très orientée, qui s'applique de manière étroite à l'examen des rapports focalisation—narration ; et qu'une lecture plus neutre, ou de premier jet, ne perçoit sans doute pas ces détails d'agencement narratif. Quoi qu'il en soit, le lecteur n'appréhende jamais les dépassements de compétence comme des « intrusions », où le narrateur signalerait ce qui échappe au protagoniste : les images plastiques marquent un élargissement, un approfondissement de la conscience du personnage ; mais elles ne signalent pas que ce personnage fait fausse route, ou du moins que le sens de son entreprise est radicalement différent de celui qu'il lui assigne lui-même.

Malraux, dans les années Trente, a souvent défini le but de l'art comme étant de « donner conscience à des hommes de la grandeur et de la dignité qu'ils ignorent en eux » [13]. Montrer cette grandeur, cette dignité, c'est dans le récit le rôle des réflecteurs *optimum* ; et aussi, lorsque le réflecteur est plus modeste, celui du narrateur. Dans ce dernier cas, il apparaît essentiel que le narrateur ne se coupe pas du personnage mais qu'il le prolonge, qu'il semble non en révéler les ignorances mais en développer les virtualités. En effet, au niveau de l'écriture, on retrouve là ce qui est un des grands thèmes du livre : la foi dans la grandeur possible de l'homme, foi qui donne au roman sa force de mythe et constitue un des sens possibles du titre.

NOTES

ÉDITION UTILISÉE

R édition de 1947.

*

1. Voir en particulier C. L. CHUA, « Nature and Art in the Aesthetics of Malraux's *L'Espoir* », *Symposium*, XXVI, 2 (Summer 1972), pp. 114–27 ; René GIRARD, « Les Réflexions sur l'art dans les romans de Malraux », *Modern Language Notes*, LXVIII, 8 (Dec. 1953), pp. 544–6 ; Rima Drell RECK, « Malraux's Novels and the Arts », pp. 219–38 in Waldo F. MC NEIR (*ed.*), *Studies in Comparative Literature* (Baton Rouge, Louisiana State University Press, 1962) ; Pascal SABOURIN, *La Réflexion sur l'art d'André Malraux : Origines et évolution* (Paris, Klincksieck, 1972).

2. Voir « Ironic Figures in Malraux's Novels », pp. 38–73 in W. M. FROHOCK (*ed.*), *Image and Theme : Studies in Modern French Fiction* (Cambridge [Mass.], Harvard University Press, 1969).

3. Voir, pour des statistiques précises, la thèse non publiée de Ralph TARICA, « Images in the Novels of Malraux : An Index with Commentary » (Cambridge [Mass.], Harvard University Archives, 1966).

4. Les termes de *mode, voix, focalisation* et *narration* sont empruntés à l'étude de Gérard GENETTE, « Discours du récit », in *Figures III* (Paris, Seuil, 1972).

5. *Temps et roman* (Paris, Gallimard, 1946).

6. Par scène, nous entendons la plus petite unité compositionnelle du roman, comprise à l'intérieur du chapitre (mais se confondant parfois avec lui) entre deux blancs d'une ou de trois lignes.

7. *Communications*, 8 (1966), pp. 1–27.

8. Nous nous limitons ici à l'étude de l'art comme comparant. Mais il est clair qu'on serait en droit de poser la même question à propos de certaines identifications très précises. Scali, lorsqu'il entre dans l'appartement d'Alvear, peut être (même si le texte ne le spécifie pas) celui qui reconnaît « *des statues, hispano-mexicaines, baroques et sauvages* », puis « *un très beau Moralès* » (699). Mais qui est à la source de l'identification lorsque Pol pénètre dans une « *ferme à demi villa, vide de meubles, et où les faïences moresques et les fausses fresques romantiques à perroquets semblaient attendre l'incendie* » (798) ?

9. « Les Relations de temps dans le verbe français », pp. 237–50 in *Problèmes de linguistique générale* (Paris, Gallimard, 1966).

10. « L'Art est une conquête », *Commune*, n° 13-14 (septembre-octobre 1934), pp. 68–71 (discours de Malraux au Congrès des écrivains soviétiques, Moscou, août 1934) ; « L'Œuvre d'art », *Commune*, n° 23 (juillet 1935),

pp. 1264-6 (discours de Malraux au Congrès des écrivains pour la défense de la culture, Paris, juin 1935) ; « Sur l'héritage culturel », *Commune*, n° 37 (septembre 1936), pp. 1-9 (discours de Malraux à la réunion de la même organisation, Londres, juin 1936).

11. « La Psychologie de l'Art », *Verve*, n° 1 (décembre 1937), pp. 41-48 ; « Psychologie des Renaissances », *Verve*, n° 2 (printemps 1938), pp. 21-25 ; « De la représentation en Orient et en Occident », *Verve*, n° 3 (été 1938), pp. 69-72.

12. « The New Epic in France », *The New Republic*, 10 August 1938, pp. 22-4. Aragon, sans les mentionner directement, fait allusion aux deux premiers articles de *Verve*.

13. Voir notamment la préface au *Temps du mépris* et le discours « Sur l'héritage culturel ».

4

LE DIALOGUE ENTRE
ANDRÉ MALRAUX ET PABLO PICASSO

par Renée Riese HUBERT

*L*a *Tête d'obsidienne*, malgré son titre, n'est pas en premier
lieu consacrée à l'art mexicain, loin dans le temps et
l'espace, mais au peintre moderne par excellence Pablo Picasso,
à qui Malraux dans ses nombreux textes sur l'art n'avait préalablement guère accordé d'attention particulière. Plus que tout
autre peintre contemporain, Picasso a suscité des commentaires d'écrivains, commentaires qui jouent un rôle si important dans la confrontation de l'art et de la littérature. Dans
son livre de 1974, Malraux s'associe aux hommages d'Apollinaire, de Reverdy, de Gertrude Stein, d'Alberti, d'Éluard, de
Leiris, de Breton, de Char, de Prévert, de Butor, pour chercher comme eux à répondre aux questions essentielles que le
peintre a soulevées [1]. Entre les textes poétiques et enthousiastes
d'un Apollinaire ou d'un Éluard qui se proposent d'entraîner
le public vers la nouveauté et ceux de Malraux, qui cherche
à intégrer le peintre dans le musée imaginaire, les affinités ne
se font guère remarquer, même si l'éloge de cet homme inven-
tif importe autant que celui de l'œuvre.

Sans nécessairement se soucier de présenter au lecteur le
côté original ou révolutionnaire de la peinture, les écrivains
tendent à présenter un être exemplaire, un héros. Apollinaire insiste sur le sens de l'aventure et le courage du jeune

peintre qui a lancé un défi à la tradition. Mettant Picasso à l'avant-garde, au sens propre du terme, Breton propose à ses confrères surréalistes de suivre son exemple. Éluard, après une visite à l'atelier du peintre, affirme la fraternité qui règne entre le créateur, ses créatures et le spectateur. Chez celui-ci, le tableau suscite moins un élan libérateur par rapport à un monde établi, qu'une régénération de l'homme par la communion. Butor, sans chercher à imposer l'exemple d'un nouvel homme ou d'un comportement modèle, retrace « la suite dans les images », c'est-à-dire l'unité d'un œuvre vaste, complexe et plein de contradictions, faussement divisé en étapes par la critique. Son essai, bien ultérieur aux autres, insiste sur l'expérimentation continuelle, sur l'effort toujours renouvelé. Butor, comme les écrivains qui l'ont précédé, amène l'attention vers l'unicité de l'œuvre de Picasso. Malraux par contre, transforme celui-ci en point focal par lequel peuvent s'illuminer d'autres créations artistiques.

Le livre de Malraux se situe après la mort du peintre dont il affronte toute la vie et tout l'œuvre. La mort a imposé le visage définitif à l'homme ; elle l'affuble même d'un masque héroïque, alors que son œuvre immortel, sans être éternel, soumis à des métamorphoses parcourra bien du chemin encore. Malraux confronte le personnage de Picasso selon des points de vue différents : souvenirs personnels de rencontres, dialogues avec Jacqueline, citations de commentaires du peintre sans parler des « réflexions » sur son œuvre. Comme l'écrivain a connu le peintre, mais à peine l'homme, le lecteur de *La Tête d'obsidienne* accompagne l'auteur dans son exploration d'événements marquants d'une aventure. Malraux se trouve au départ en possession de certaines données, qu'il ne récapitule pas d'une façon systématique et qu'il ne sépare pas des témoignages dont il s'enrichit au fur et à mesure. Il insiste peu sur les expériences communes, car il veut avant tout tisser la trame d'une pensée vivante et originale. Malraux évoque le lieu des rencontres, le plus souvent un atelier, pour y redonner la parole au peintre et pour lui permettre de commenter lui-même son art. Ces dialogues constituent le noyau à partir duquel se propage la relation profonde entre le peintre et l'écrivain qui finit par dépasser à tous égards leurs rencontres vivantes. Il ne s'agit pas d'un simple échange de paroles où Picasso donne la réplique à Malraux et Malraux à Picasso. Peintre et écrivain confrontent des tableaux, ainsi que des esquisses ou études, peuplés des personnages qui participent à cette transformation, cet éloignement graduel de la réalité déjà si manifeste au départ. Au cours de ces confrontations, Picasso affirme sa vraie nature : « *Braque fait sa peinture en réfléchissant. Moi, pour ma préparation, j'ai besoin des choses, des gens.* » (*TOb*, 19).

Ces fragments de dialogues dans lesquels le présent se mêle au passé ne peuvent en aucune manière s'isoler du reste. D'abord ils s'enchaînent avec les entretiens entre Jacqueline et Malraux, préface ou épilogue à tant d'autres dialogues dans *La Tête d'obsidienne*. Les souvenirs émus et personnels de l'épouse, ceux plus filtrés et éloquents de l'écrivain, transformés en quête et réflexions, établissent des liens entre les tableaux de Picasso et certains événements historiques et plus souvent entre les tableaux de Picasso et ceux du musée de la peinture mondiale. Dans la maison, domicile, atelier, musée, que l'épouse parcourt avec l'ancien ministre de la Culture, se raniment l'esthétique et l'attitude existentielle du maître. Son opposition aux catégories établies, à un ordre circonscrit, ressort avec netteté. Il transformait tout en terrain de révolte et il vivait comme il créait.

Jacqueline explique la présence de chaque œuvre d'art à Mougins : même si l'enthousiasme et la spontanéité ont parfois emporté Picasso, chaque choix solidement fondé constitue un nouveau champ d'action. Picasso, en tant que spectateur, a contemplé ou admiré la beauté d'une toile de Matisse, mais là n'est pas l'essentiel ; il en a surtout fait le lieu de la confrontation et de l'action. Parfois quand Malraux devant un tableau de Picasso évoque telle œuvre de la collection du peintre, Jacqueline fait une mise au point, le rattachant à une autre toile du passé. Mais dans la stratégie que poursuit Malraux, les renseignements fournis par l'épouse ne servent point à établir les sources de l'inspiration de Picasso, mais à nouer les premières mailles d'un vaste réseau d'enchaînements, de comparaisons, fondements même de la méthode de l'écrivain. Les entretiens du présent, les échos du passé mènent vers le musée imaginaire, l'univers sans portes et sans murs où se rassemblent des témoignages, de civilisations à travers les âges. Dans le catalogue de l'exposition Maeght, précédant de peu *La Tête d'obsidienne*, on rappelle une phrase de 1922, sur la « Peinture de Galanis » : « *Nous ne pouvons sentir que par comparaison.* » [2].

Par les parentés qui se révèlent entre la collection et les créations de Picasso, Malraux revient à un autre principe qui lui est cher : l'idée et la pratique de la métamorphose : « *Picasso ne prenait même pas le tableau de Delacroix pour livret de sa partition ; il en tirait sa propre toile, aussi différente qu'une nature morte cubiste l'était d'une guitare.* » (*TOb*, 55). Malraux rappelle « Les Ménines », cette suite d'études par lesquelles Picasso a approfondi le tableau de Vélasquez. Dans l'affrontement avec ce chef-d'œuvre le peintre n'aurait nullement pris l'attitude d'un admirateur servile, car il cherchait à rivaliser avec Vélasquez, comme ailleurs avec Delacroix ou Goya. Au cours de ses tentatives la conscience de cette rivalité devient plus aiguë, coïncidant même avec l'éloignement des formes et structures de Vélasquez, avec la découverte d'une création autonome ainsi que la formulation de ses propres lois : « *La critique parlait de rivalité ; le viol allait apparaître brutalement dans la métamorphose des* Ménines. *D'autant plus brutalement, que Picasso s'attaquait, cette fois, à l'un des plus célèbres tableaux du monde.* » (*TOb*, 56).

Au cours des chapitres qui se rapportent à la Fondation Maeght, à l'exposition des tableaux rassemblés en son honneur, l'écrivain, faisant écho à une théorie baudelairienne, formule une loi fondamentale sur la création artistique, à savoir la nécessité de détruire afin de ressusciter. La destruction ne se rapporte pas seulement à la réalité extérieure, cosmique ou sociale contre laquelle le créateur doit lutter. Elle tient aussi à la réalité esthétique : le modèle que fournit le tableau du maître qu'on doit immoler afin de s'affirmer :

L'accord fondamental de Braque avec le cosmos (cosmos veut dire ordre), ses tableaux affectueusement liés à la peinture, n'est pas réduit au silence par la voix la plus insoumise que l'art ait connue. Tout l'œuvre de Picasso serait un hurlement, si ses tableaux n'échappaient au hurlement par leur création même : un supplice peint par Goya n'appartient plus aux supplices, mais à la peinture.

(*TOb*, 27)

Cette agression contre le cosmos et contre les œuvres préalables caractérise l'art moderne ; son affranchissement total de tout principe supérieur transforme la peinture en absolu.

Malraux exprime cette conception de la création artistique par un langage ou une série de métaphores qui soulignent l'aventure, l'action héroïque, cette force intrépide par laquelle un Kyo, un Perken affrontent le destin. Par cette transformation radicale d'une œuvre du passé en une œuvre nouvelle, Malraux, en s'appuyant en premier lieu sur Picasso, rejoint la notion de transgression, capitale dans les écrits de Bataille. Il n'est d'ailleurs pas étonnant que les deux écrivains, dont la philosophie est profondément ancrée dans celle de Nietzsche, se rejoignent en exigeant sans cesse un dépassement où l'homme nie les valeurs acceptées et transmises par une force supérieure, dépassement qui se formule également à plusieurs reprises comme un refus de toute catégorie morale, métaphysique ou autre. Le créateur ou héros, quel que soit son champ d'action, doit passer outre, oblitérer la ligne de démarcation du bien et du mal, du beau et du laid et de cette logique qui dresse le mur infranchissable de la contradiction et ne se laisse pas tromper par le jeu des apparences. Et dans ce vide ainsi déblayé l'homme moderne ranime les liens les plus faibles avec les civilisations éloignées : « *Magiques, cosmiques, sacrées, religieuses, les grandes œuvres nous atteignent du fond du passé* COMME AUTANT DE

ZARATHOUSTRAS INVENTÉS PAR AUTANT DE NIETZSCHES. » (*VS*, 617).

L'idée de métamorphose ne provient pas toujours de la confrontation de plusieurs tableaux, car une seule œuvre peut devenir en elle-même le terrain de toutes les transformations. Dès les premières pages, Malraux rapporte une remarque de Jacqueline à propos de *La Nature morte aux oranges* de Matisse : « *Oui, Pablo la gardait avec lui. Nous la regardions. Elle change tout le temps.* » (*TOb*, 14). Et il ajoute : « *En effet, les bandes verticales rouges du fond et de l'étoffe, le saumon pâle de l'étoffe aux fleurs violettes et le rose de la fenêtre, le gris de la coupe et le jaune du citron dialoguent inépuisablement.* » Ayant à plusieurs reprises essayé de saisir ce qui transforme l'objet ordinaire en création, ce par quoi il échappe à tout modèle, Malraux examine l'œuvre d'art, détachée ainsi du principe de la réalité et des apparences, comme sujet de métamorphoses. Il la situe moins par rapport à sa fonction et au contexte contemporain selon lesquels elle a pris forme que par rapport à des créations appartenant à des civilisations sensiblement différentes. Arrachée, par exemple, aux données religieuses dans lesquelles telle sculpture a été conçue, d'idole elle se transforme en statue : « *Re-composition d'un monde aussi différent du vrai que le chef-d'œuvre l'est d'un spectacle, le musée ramène du passé insaisissable une marée de passé possédé, qui dépose seulement, de tous les dieux et les démons qu'elle roule, ce qui fut réduit à l'humain.* » (*VS*, 623).

Ce principe déjà exprimé dans *Les Voix du silence*, trouve son couronnement dans l'exposition de la Fondation Maeght. Dans le Catalogue est justement repris un autre commentaire de Malraux datant également de 1950 : « *Alors qu'une analyse sérieuse des arts barbares nous permet de fonder les valeurs d'un Michel-Ange, non sur une ignorance ou un refus mais sur une sorte de royauté et de leur adjoindre ce qui dans l'art barbare, n'est pas sa part de barbarie, mais sa part de génie.* » (p. 163 [3]). Malgré certaines éclipses temporaires une œuvre d'art change, d'une époque à l'autre, de sens et de visage et ainsi des contacts

78

inattendus et inépuisables s'établissent entre l'art du passé et celui du présent, entre l'art oriental et l'art occidental. Ces rapprochements, que la photographie a permis de multiplier, s'appliquent d'autant mieux à Picasso que les liens de son art avec tant de courants et de traditions créent un musée imaginaire correspondant à la définition qu'en a donnée Malraux : « *Le Musée imaginaire n'est pas un palmarès ; il est d'abord l'expression d'une aventure humaine,* l'immense éventail *des formes inventées.* » (p. 167 [3]). Pour n'en donner qu'un exemple, rappelons que Picasso et ses contemporains ont introduit une conception nouvelle des formes et de l'espace grâce à leur contact avec la sculpture nègre et océanienne et qu'ils ont à leur tour éveillé la curiosité du public qui a pris connaissance de ces arts. Ayant fait allusion à la gamme des confrontations de Picasso avec d'autres arts, au vaste répertoire de son œuvre, à l'évolution constante qui comprend soixante années de création, à l'absence de répétition, que ce soit au sens large ou étroit, Malraux ajoute : « *Même l'ensemble de son œuvre, par la nature et la succession des périodes, est hanté par la métamorphose, comme l'œuvre d'aucun artiste ne le fut avant lui.* » (*TOb,* 120).

À la fin du volume, pour souligner l'invention des formes ainsi que la variété des tendances, l'écrivain juxtapose des reproductions d'œuvres de Picasso à celles de tableaux et de sculptures se situant en apparence aux antipodes, par exemple : *La Femme à la voiture d'enfant* et *Le Taira no Shigemori* de Takanobu. Il refuse de séparer les deux œuvres en les mettant dans des chapitres différents d'une histoire de l'art. Entre un tableau oriental du XIIIe siècle incarnant un personnage montrant une dignité a-temporelle, tableau fortement stylisé, et une sculpture occidentale et moderne, ayant trait au geste quotidien d'un personnage ordinaire, nulle analogie ne s'impose. Malraux, par les reproductions autant que par le texte, par le découpage et le grossissement, transforme les œuvres qu'il refuse d'emprisonner dans le cadre d'une civilisation donnée :

Séparée de sa voiture d'enfant presque recouverte par des hérissements de bronze, des tessons, des socs, des cornes de masques nègres, elle devient l'Esprit de la cohue arrachée à son furieux sommeil. Un bras cassé, l'autre en avant, Aurige de Delphes sans char ou Coré sans offrande, la crosse solennelle de sa coiffure vaguement orientale au-dessus de ses yeux d'insecte... (*TOb*, 29)

Cette évocation correspond à l'illustration par laquelle l'auteur incite le spectateur à confronter sous le même angle le buste de deux personnages fort différents, d'entrevoir une structure du corps, de l'épaule, des bras, de la tête, du cou dont émane un ordre harmonieux à l'écart de tout souci de vraisemblance. Picasso a tantôt « rivalisé » avec Goya, tantôt avec Vélasquez, tantôt avec la sculpture nègre.

En outre, comme nous venons de le voir, Malraux ajoute de nouvelles confrontations à celles dont Picasso (ou Jacqueline) a fait l'aveu. L'art du peintre participe donc de nombreuses façons au musée imaginaire et y incite le spectateur à mettre en mouvement son imagination. Malraux conçoit l'œuvre de ce grand moderne, c'est-à-dire ses dialogues dramatiques avec le passé, comme analogue aux coups qu'un sculpteur frappe sur la matière qui pour lui est vivante sinon organique. Déjà en 1930 Malraux avait prêté les paroles suivantes à un de ses héros, Perken : « *Les musées sont pour moi des lieux où les œuvres du passé, devenues mythes, dorment, — vivent d'une vie historique — en attendant que les artistes les rappellent à une existence réelle. Et si elles me touchent directement, c'est parce que l'artiste a ce pouvoir de résurrection* [...] » (*VR*, 42). Picasso, aux yeux de Malraux, incarne le héros moderne dont la tâche toujours à reprendre consiste à transformer le chaos en ordre, ordre où l'art est le seul absolu. L'art, défini ou redéfini comme anti-destin, permet d'échapper à l'angoisse existentielle et métaphysique, à la peur de la mort.

Or, c'est précisément au moment où il est en train de réviser des mémoires se rapportant à la guerre d'Espagne que Malraux reçoit l'appel de Jacqueline lui demandant conseil à propos de la collection de tableaux qu'elle va léguer. Et ce souvenir d'un événement historique renoue un lien très ancien entre l'auteur de *L'Espoir* et le peintre de *Guernica*. Malraux, dans quelques lignes de ses mémoires d'Espagne, rapportées au début

de *La Tête d'obsidienne*, évoque, par une accumulation de néga-
tifs, le bouleversement foudroyant qu'apporte la mort d'une
ville. À l'exposition Maeght *L'Hommage aux Espagnols morts
pour la France* figure en vedette [4]. Dans ce tableau où Picasso
combine les techniques cubistes avec cet effort de stylisation
caractéristique de ses œuvres, tout en jouant sur les différents
sens du terme *hommage*, se manifeste une extraordinaire poly-
valence de genres : monuments aux morts, nature morte,
vanitas. C'est dire que sur le plan plastique, cette toile réalise
la synthèse de plusieurs métamorphoses. Quant au sens, la
vigueur ironique de la patrie se rattache à l'existence fanto-
matique de ses héros et de leur sacrifice. « *Ce qui m'intéresse,
comprenez-vous, c'est la décomposition, la transformation de ces
œuvres, leur vie la plus profonde, qui est faite de la mort des hommes.
Toute œuvre d'art, en somme, tend à devenir mythe.* » (*VR*, 42).
Ces paroles de Perken révèlent, bien au-delà de leur rapport
fortuit avec la guerre d'Espagne, l'affinité profonde entre
L'Hommage aux Espagnols morts pour la France et telle page des
mémoires de Malraux.

Rappelant plus tard ses entretiens avec Picasso, ranimant
ses remarques sans passer sous silence leurs accents et leurs
tics ainsi que leur qualité d'oracle, Malraux propose au lecteur un héros qui avait affronté des aventures semblables aux
siennes et qui vient de le précéder dans la mort. Par cette identification qui intensifie le sentiment de sa propre mortalité,
Malraux se trouve dans la situation de Claude au moment de
la mort de Perken. Autour de Picasso, absent ou présent, se
cristallise une prise de conscience d'autant plus saisissante
qu'avec Jacqueline il « parcourt » toute une série d'ateliers et
d'expositions du maître. Au milieu de ces parcours réels et
imaginaires Malraux évoque l'exposition à la Fondation Maeght,
dans laquelle il voit le premier musée imaginaire, expression
concrète et application de ses théories que renouvelle et confirme son exploration approfondie et vivante de la carrière et
de l'œuvre de Picasso. On y attend *La Tête d'obsidienne*, idole
et sculpture du Mexique, dont Malraux évoque dès le début

du livre les avatars modernes : « *Il n'est nullement le frère des ready-made, mais bien de la célèbre* Tête de mort, *sur laquelle j'ai failli tomber dans l'obscurité de son atelier, galet abandonné par le reflux de la vie.* » (*TOb*, 35). Dans son installation au musée archéologique de Mexico, la tête d'obsidienne échappe à toute comparaison. Restituée à un absolu, même s'il diffère de celui dans lequel elle avait été conçue, elle abolit tout sentiment de dépendance. Elle, dont la reproduction ne figure pas dans le livre, nous ramène aux origines tout en incarnant la mort. Ses parois deviennent le lieu symbolique du musée imaginaire au même titre que les ateliers de Picasso, dont les œuvres survivent, alors que les murs s'abolissent. Et ce musée fera à son tour renaître une écriture où critique et création vont se rejoindre. Ainsi, de l'origine à l'art moderne se prolonge cette vaine mais passionnante interrogation sur la condition humaine, sur l'énigme fondamentale de l'art et de la vie.

NOTES

ÉDITIONS UTILISÉES

TOb Paris, Gallimard, 1974.   *VR* Paris, Le Livre de poche, 1973.

*

1. Voir Guillaume APOLLINAIRE, *Les Peintres cubistes* (Paris, Eugène Figuière, 1913) ; André BRETON, *Le Surréalisme et la peinture* (New York, Brentano, 1945) ; *Paul Éluard à Pablo Picasso* (London, Martin Secker and Warburg, 1947) ; Paul ÉLUARD, *Picasso à Antibes* (Paris, René Drouin, 1948) ; Michel BUTOR, « La Suite dans les idées », in *Répertoire III* (Paris, Éd. de Minuit, 1968). Parmi d'autres littérateurs qui ont écrit sur Picasso, on compte les suivants : Rafael ALBERTI, *A Year of Picasso's Paintings* (New York, Abrams, 1972) ; René CHAR, Préface à *Picasso : Dessins* (Paris, Cercle d'Art, 1969) ; Robert DESNOS, *Picasso, seize peintures* (Paris, Éd. du Chêne, 1943) ; Max JACOB, « Souvenirs sur Picasso », *Cahiers d'Art*, 1927 ; Michel LEIRIS, « Toiles récentes de Picasso », *Documents II*, n° 3, 1930 ; Michel LEIRIS, « Picasso et La Comédie humaine », *Verve*, n° 29-30, 1954 ; Jacques PRÉVERT, «Promenade de Picasso», in *Paroles* (Paris, N.R.F., 1969) ; Pierre REVERDY, *Pablo Picasso* (Paris, G. Auber, 1924) ; Gertrude STEIN, *Picasso* (Boston, Beacon Press, 1960).

2. André MALRAUX, « La Peinture de Galanis » (Préface à une exposition de mars 1922), reprise dans *Mélanges Malraux Miscellany*, I, no. 2 (Autumn 1969), pp. 7–10. Nous citons d'après ce texte, p. 8.

3. *André Malraux : Fondation Maeght* (Saint-Paul-de-Vence, Fondation Maeght, 1973).

4. Page « hors catalogue ».

82

DOCUMENT
(inédit)

L'ART ET LE ROMAN
L'IMAGINATION VISUELLE DU ROMANCIER

Entretien avec André Malraux

par Brian THOMPSON

*

À la première lecture des romans de Malraux, il y a une dizaine d'années, j'ai été frappé par leur côté visuel, tout en clair-obscur, ombre et lumière, noir et blanc. Une étude menée depuis plusieurs années n'a fait que confirmer l'importance de la vision dans l'œuvre de Malraux : ce que les personnages voient, et que les techniques romanesques de Malraux font voir au lecteur, exprime dans une très grande mesure sa « vision » de l'homme et du monde.

Par deux fois j'ai eu la chance d'être reçu par Malraux à Verrières-le-Buisson et d'en parler avec lui — ou peut-être plus précisément de l'écouter en parler — assez longuement. La dernière fois, en octobre 1974, j'avais envoyé auparavant quelques questions écrites. Elles portaient d'une part sur l'importance de l'expérience visuelle chez ses personnages, et d'autre part sur la façon dont l'art (la peinture, le cinéma) avait influencé sa propre imagination visuelle. Ses réponses qui, de façon caractéristique, débordent très largement le cadre de ses seules œuvres, intéresseront tous ceux qui s'occupent du roman et des rapports entre la littérature et les arts visuels.

***

André MALRAUX (*répondant à une question sur ses dons visuels*).
— Premier point : j'ai une mémoire visuelle absolument anor-

male, je l'ai testée à plusieurs reprises, pour la mémoire elle-même et pour la rapidité de l'œil. D'une part, je peux me souvenir de tous les tableaux d'une salle de musée que j'ai traversée, pas vingt ans mais... un mois. Et je peux me souvenir de détails d'un tableau que j'ai vu une minute. Ce qui est évidemment intéressant parce que c'est très peu de chose mais, comme toujours en art, les données physiologiques sont très importantes. Alors je pense que c'est comme ça chez les peintres. C'est peut-être aussi comme ça chez les écrivains, mais les écrivains ne s'en occupent pas, tandis que les peintres s'en sont beaucoup occupés.

Vous avez probablement lu — parce que j'ai dû l'écrire quelque part — l'histoire de Cézanne et du pardessus. Elle est très significative. Un collectionneur est en train de se balader dans la campagne avec Cézanne, Renoir, Monet et un ou deux autres. Tout à coup il s'aperçoit qu'il a oublié quelque part son pardessus. Affreux ! Alors on va aller le rechercher au château. Et Cézanne dit : « *Ne bougez pas. Là-bas* [c'était à cent mètres] *il y a un noir qui n'est pas dans la nature. C'est sûrement le pardessus.* » On envoie un domestique, c'est le pardessus. C'est évidemment l'œil qui est l'œil du peintre, n'est-ce pas ? Parce que pour vous — et pour moi — un noir et un pardessus, c'est la même chose, mais pas pour Cézanne. Alors ça, c'est la réponse à la question la plus banale de toutes, mais simplement pour commencer.

Brian THOMPSON. — *Ma deuxième question est la suivante : Comment votre imagination visuelle est-elle nourrie par ce que vous portez « derrière les paupières » comme Goya ou Rembrandt ?*

— Alors, je vous dis : attention, il n'y a pas de modèles pour moi, et pour Rembrandt et Goya non plus. L'idée que vous avez dans n'importe quel art une transcription, est toujours une idée fausse. Quelque chose d'autre opère et le médiateur est généralement un autre objet d'art. Au début, quand on parle d'art nègre, c'est au fond un art folklorique, parce que les grands masques, on ne les voyait pas. On a vu les folkloriques parce qu'ils ressemblaient à nos folkloriques et un peu

84

à notre art roman. Ayant vu les fétiches qui ressemblaient aux folkloriques, on a vu les fétiches qui ressemblaient aux fétiches, mais avec un peu plus d'agressivité. Et ainsi de suite, jusqu'au moment où le centre bascule et où il ne reste plus rien du point de départ.

Mais en tout cas, la vision d'un romancier est certainement donnée par la scène qu'il veut faire. Alors là-dessus joue le souvenir et, bien entendu, le souvenir, lui, n'est pas orienté ; il est seulement choisi. La mémoire optique ne vient pas du modèle, la volonté de création ordonne l'œil vers le modèle et le fait regarder d'une façon particulière.

Et alors, si nous passons à la peinture, attention que pour Goya et pour Rembrandt — surtout pour Rembrandt — il y a une chose excessivement importante. Qu'est-ce que c'est que le génie de Rembrandt ? C'est d'avoir inventé une ombre qui est émotive. Je veux dire que l'ombre de Rembrandt n'est pas un éclairage. Si vous vouliez faire un tableau vivant, une scène de cinéma, en éclairant avec tout le matériel électrique extraordinaire du cinéma moderne, pour faire un portrait de Rembrandt ou *La Ronde de nuit*, c'est absolument impossible, parce que sa lumière est fausse. Et le génie, c'est de trouver une ombre qui semble être une ombre et dont la valeur réelle est d'ordre musical.

— *C'est un peu ce côté-là qui m'intéresse dans vos romans, le côté imaginaire des créations qui, si on regarde bien la chose, sont parfois impossibles. Comme vous dites que chez Rembrandt, c'est impossible comme lumière ou éclairage. Vous avez dit la même chose pour de la Tour. Je pense par exemple à la scène de Tchen, au début de* La Condition humaine, *où l'ombre qui grandit devrait devenir plus petite.*

— Vous avez lu mon livre qui s'appelle *La Tête d'obsidienne* ? Il y a une conversation avec Picasso sur *Les Fusillades du 3 mai* de Goya. Vous voyez le tableau, n'est-ce pas, avec le petit bonhomme, les mains en l'air... Alors je lui disais que la force du tableau, au fond, c'est la crucifixion. Et il me dit : oui, mais il y a autre chose. C'est que, normalement, la scène est éclairée peut-être par la lumière de la lune — on ne la voit pas, mais c'est la lune — et certainement par l'énorme lanterne posée par terre entre le groupe des soldats qui fusillent et le petit bonhomme qui lève les bras. Or, la lanterne est là [entre nous]. Elle devrait vous éclairer là [sur la poitrine] et m'éclairer là [sur la poitrine]. Alors, elle m'éclaire ici [sur le dos]. La lanterne éclaire *le dos* des fusilleurs ! Alors Picasso dit : c'est parce qu'il est sur une lumière impossible — et en même temps, le génie c'est de faire que l'on ne s'en aperçoive pas —, c'est parce qu'il est sur une lumière impossible qu'il arrive à donner aux spectateurs le sentiment d'une chose à la fois véritable et appartenant à un autre monde. Parce qu'en effet elle appartient à un autre monde. À quoi il faut ajouter — Picasso ne l'ajoutait pas parce que pour lui c'était évident — que ce n'est pas une opération. Je veux dire que si nous reprenons l'hypothèse du cinéma, le metteur en scène fait l'éclairage de la scène et, ayant compris, il met sa lanterne qui n'éclaire pas et il fait éclairer artificiellement le dos des soldats. Ça ne marchera pas. Pour que ça marche, il faut une unité qui est spécifiquement picturale. Ce sont les corrélations de tout, les rapports des valeurs, les rapports des couleurs, qui font que c'est Goya et que ça marche. On ne peut pas le faire arbitrairement, on ne peut pas le refaire. Imaginez un peintre habile qui se dit : je vais faire un faux Goya. Je ne ferai pas la même scène, mais je vais employer le même système. Ça ne marchera pas. De la même façon que vous ne pouvez pas faire du Chopin avec des morceaux de Chopin. Il y a une unité absolument spécifique.

Mais pour poursuivre votre idée dans votre livre *, je crois que vous avez relativement éclairé — mais vous pouvez aller plus loin — cette question : tout roman est une dépendance de la poésie. Ce qu'il y a, c'est que c'est plus ou moins visible. Bien sûr, quand c'est George Eliot, ça a l'air plus évident que quand c'est Dostoïevski. Mais au fond, c'est toujours Dostoïevski. Il est bien évident que chez Balzac, ça ne s'est jamais passé comme ça, vous savez très bien. Seulement ce qui finit

* *Vision et cécité dans les romans d'André Malraux.*

86

par nous... je ne dirais pas nous tromper, mais nous égarer un peu... c'est qu'il y a l'exotisme du temps et l'exotisme du lieu. Je veux dire que si vous lisiez *Le Père Goriot* se passant ailleurs, il y a un mois, ça serait criant pour vous que c'est un livre transfiguré, n'est-ce pas ? Que ce n'est absolument pas une photographie, que c'est œuvre de visionnaire. Seulement toute une partie de la vision, nous finissons par l'accepter comme une sorte de vérité parce que nous la mettons sur le compte du passé : c'était peut-être un peu comme ça dans le temps. Et avec Dostoïevski c'est criant, car si vous essayez de traduire Dostoïevski en supposant que ça se passe dans une petite ville du Sud avec des noms américains, immédiatement vous vous rendez compte, c'est criant, que c'est Shakespeare. Et pas du tout un roman. Alors que quand vous le lisez en russe, le seul fait qu'on vous appelle Nicolaievitch fait que vous vous dites que c'est peut-être comme ça en Russie.

Il y a eu une expérience très intéressante ici (on ne l'avait pas faite pour l'expérience, c'est d'ailleurs une opération d'argent). Il y a eu un film sur *Crime et châtiment* qui était une transposition complète, actuelle, à Lyon. Alors Raskolnikov était vraiment étudiant, la petite putain était vraiment putain — au lieu d'être religieuse orthodoxe elle était M.R.P., vous voyez ça. Marmeladov était chauffeur de taxi, bien. C'était absolument ridicule. Mais c'était prodigieusement révélateur parce que ça vous montrait que ce qui intéresse Dostoïevski, ce n'est absolument pas ce qu'on croit. Et vous savez qu'on a pu lire les carnets de *L'Idiot*. Vous vous souvenez qu'en gros vous avez deux personnages dont l'un est une sorte de figure du Christ qui s'appelle le Prince Mychkine. Et l'autre est une sorte de figure de Satan qui s'appelle Rogojine et qui est son ami. Le livre finit par l'assassinat de la femme qu'ils aiment tous les deux, par Rogojine, et les deux, dans une des plus belles scènes de Dostoïevski, veillent ensemble le cadavre. Dans les carnets, c'était Mychkine qui tuait la femme. Autrement dit, c'était le diable qui était le Christ et c'était le Christ qui était le diable. Parce que, en réalité, il s'en fichait. Ce qu'il voulait, c'est d'avoir la scène où il y avait le cadavre et les deux forces antagonistes de l'homme des deux côtés. La scène existait avant les personnages. Et il y a un autre romancier qui est comme ça à tous les coups, c'est Joseph Conrad. Alors chez lui, au lieu de l'élément chrétien, c'est l'irrémédiable. Il cherche l'irrémédiable et il pose le personnage dessus.

Mais en tout cas, pour toute vue du roman qui consiste à dire : « Je regarde le roman comme un tableau moderne et non pas comme une photographie », vous avez raison à tous les coups. Alors ce qu'il y a, c'est que le roman classique a fait semblant d'être photographie, mais la grande peinture a fait semblant d'être photographie pendant cinq cents ans. Mais ça n'empêche pas, je veux dire : ce qui fait Titien, ce n'est pas que ce soit ressemblant. Et c'est la même chose. Le roman est une espèce de trompe-l'œil extraordinaire. Valéry, qui détestait le roman, disait : « On ne peut pas prendre au sérieux un domaine dans lequel on s'approche ou se recule et les personnages sont d'autant plus épais et vrais qu'ils sont plus proches, et d'autant plus faibles qu'ils sont éloignés. » Ce qui est tout à fait faux, parce qu'en réalité ça dépend des romanciers. J'ai publié dans *Le Figaro* de samedi la préface au *Journal d'un curé de campagne* de Bernanos *. Et je dis que dans le cas de Bernanos, les personnages excessivement typés ne sont pas les personnages de premier plan, ce sont les petits. Et il y a toute une série de romanciers qui sont comme ça. Et très souvent dans les auteurs de second rang. Par exemple, dans Molière, le personnage de second rang est encore très puissamment typé. Seulement, souvent il est important ; par exemple, Scagnarelle. Mais dans les sous-Molière, les personnages principaux pour nous n'existent plus, et les valets existent. L'arrière-plan dans le roman est meilleur que dans la peinture.

— *Pour revenir un instant à la première question, c'est-à-dire l'expérience visuelle des personnages dans vos romans, une des*

* Il s'agit de la préface au *Journal d'un curé de campagne* (Plon), parue dans *Le Figaro littéraire* du 28 septembre 1974.

choses que j'ai essayé de développer, c'est justement le rôle primordial de l'expérience visuelle, viscérale, immédiate et non pas réfléchie, pensée, dite. Est-ce que ça correspond à ce que vous avez voulu faire ?

— Absolument, absolument. L'erreur, c'est de croire que vous transposez votre expérience dans ce qui lui ressemble. En règle générale, le peintre a trouvé un bleu extraordinaire sur une fleur et va s'en servir pour une table. Le romancier, c'est pareil. Il y a une certaine trouvaille comme vous dites viscérale. Si vous voulez vous en servir directement, ça peut aller. Ça peut aussi ne pas aller du tout. Tandis que si vous vous en servez indirectement, ça va presque toujours, parce que ce n'est pas vous qui le choisissez. Je veux dire que, étant en train de chercher tout à fait autre chose, tout à coup votre expérience vous revient comme une fiche électrique vient se mettre dans la prise. Et chaque fois que quelque chose qui est dans cette sorte de mémoire étrange qui est celle du romancier, c'est-à-dire une mémoire à la fois optique, affective et émotive, chaque fois que cette mémoire-là est mobilisée, elle l'est à peu près toujours avec une grande force. Alors ajoutez aussi, elle l'est presque toujours chez moi, mais chez les autres aussi. Il y a toujours des paires, comme en électricité il y a positif et négatif, et une image réellement puissante est une image qui, à peu près toujours, est appelée par quelque chose qui est en quelque sorte son contraire dans un domaine tout à fait inconscient, tout à fait profond.

On va prendre un exemple tout à fait banal. Dans *L'Espoir* il y a la scène où je tire dans l'avion et sur le collimateur de la mitrailleuse il y a une fourmi qui se promène, parce que les fourmis sont sourdes. Je l'ai fait aussi dans le film. Or, en fait, mon souvenir direct était l'Italien qui arrivait sur moi, et c'est après, en écrivant, que, décrivant l'arrivée de l'Italien, j'ai revu la fourmi. Autrement dit, c'est l'Italien qui a appelé la fourmi. Chaque fois que votre mémoire appelle à la fois quelque chose d'important que vous avez choisi et quelque chose d'important et d'irrationnel que vous n'avez pas choisi, ça touche des choses très profondes.

Vous avez fait allusion dans votre livre aux ombres des insectes sur les personnages. N'oubliez pas que l'ombre de l'insecte sur un visage de mort, c'est la vie, puisqu'elle bouge. Là, c'est facile à expliquer. Quelquefois c'est impossible. Mais je crois que je vous indique une rue. Vous pouvez chercher par là. Dites-vous toujours : la grande réussite poétique n'est jamais le résultat d'un travail délibéré ; elle est toujours le résultat d'une rencontre. Et cette rencontre se produit à un degré inconscient — je n'aime pas beaucoup le mot, mais ça ne fait rien — qui est un degré excessivement profond, et c'est ça qui lui donne ce qu'on appellerait en musique son lyrisme.

En cinéma, c'est encore plus net : un type mort, gros plan, ombre d'un oiseau quelconque qui passe, bon. Il y a là quelque chose d'une nature qu'aucune analyse ne peut transmettre. C'est presque un haïkaï, c'est presque un poème japonais, n'est-ce pas ? Quand vous décrirez votre mort et quand vous décrirez votre ombre, vous n'aurez rien fait. Ce qui est agissant et ce que vous transmettez comme artiste, c'est l'émotion que vous avez eue en voyant passer l'ombre, parce qu'à ce moment-là vous sentiez très bien, et vous ne réfléchissiez pas, que c'était la vie qui passait sur la mort.

— *Moi, j'ai pris ça dans cette scène comme dans certaines autres comme justement la vie animale, végétale, cosmique qui continuait quoi qu'il arrive à l'homme. L'homme meurt, l'homme se fait fracasser, et puis voilà, tout continue comme d'habitude.*

— N'est-ce pas ? Chez moi c'est essentiel. Une chose qui peut vous intéresser : dites-vous que n'importe quel artiste actuel qui est agnostique est forcément devant la vie dans un état d'extraordinaire surprise. La foi pose tous ces problèmes-là comme résolus. Notre ombre d'oiseau et le visage du mort, ce sont deux notes de la partition de Dieu. Ce n'est pas votre affaire. Mais si vous êtes obligés de vous dire : « tout ceci est incroyablement provisoire, aurait pu ne jamais exister, en tout cas ne peut pas être saisi par la pensée humaine », vous avez, pour des raisons scientifiques, nécessairement la pensée aléatoire. Vous savez, biologiquement une goutte de sperme représente trois cents mille spermatozoïdes dont chacun transmet par ses gènes la totalité de ce que deviendra l'homme. Tous les autres disparaissent. On a énormément posé ces temps-ci la question des mondes habités. Supposez qu'il en soit des planètes exactement comme des spermatozoïdes. C'est-à-dire de ces trois cents mille spermatozoïdes un seul deviendra un homme. Tous les autres ne deviendront rien. Dans l'immensité des nébuleuses il y a, comme ça, une fois tous les cinquante mille, une planète qui vit et qui n'a pas la même vie parce qu'elle n'a pas eu les mêmes rencontres. Puisque même dans le cas des jumeaux il n'y aura pas la même vie parce qu'il n'y aura pas les mêmes rencontres. C'est parfaitement imaginable. Eh bien, cette image est pour vous faire comprendre le degré d'étonnement qui est probablement essentiel pour n'importe quel artiste de notre époque s'il n'est pas croyant. Et avec des croyants, j'en avais parlé avec Bernanos, et il m'a dit que malgré la foi il sentait les choses presque comme ça. Seulement avec une forte différence, c'est que pour lui ça se résolvait ainsi : Dans la vie éternelle, je saurai.

— *C'est une autre question qui m'intéresse beaucoup. La dernière fois où nous nous sommes vus, vous avez parlé de transcendance. Vous avez dit qu'une société ne peut pas vivre sans une transcendance quelconque et que nous, en tant que société moderne, sommes en train d'en chercher. Où est-ce que vous vous placez dans cette recherche ? Sur le plan religieux, vous restez agnostique ?*

— Complètement, complètement. Je pense que le monde moderne tout entier est dans une position d'attente, n'importe comment. Nous sommes tous des marges, aussi bien les communistes. Il y a eu des civilisations globales. J'appelle civilisation globale la chrétienté ou la Chine des T'ang. Et puis, à l'heure actuelle, partout il y a une civilisation qui est la plus puissante que le monde ait jamais connue et qui partout n'a pas de centre. Aucune civilisation moderne n'a de centre, pas plus la Russie ou la Chine de Mao que nous. Et aucune n'a de transcendance. Ce qu'il y a, c'est que dans une époque révolutionnaire, la révolution remplace la transcendance. Ce n'est pas du tout qu'elle joue le même rôle ; elle permet de ne pas poser la question.

— *Mais jusqu'au moment où elle réussit. Et puis la question se repose.*

— La question se repose. Maintenant énormément de choses se reposent, n'est-ce pas ? Méfions-nous que nous avons pris l'habitude de croire que les choses se résolvaient parce que nous avons des expériences historiques excessivement courtes, par rapport à la nôtre. Spengler dit que toutes les cultures sont des organismes, c'est-à-dire qu'ils naissent, vivent et meurent, et vivent de la même façon et meurent de la même façon. Il n'oublie qu'une chose : toutes les cultures sauf la nôtre. Parce que la nôtre est la seule qui ait inventé la machine, et la seule qui ait inventé l'héritage de l'humanité. Si nous étions comme la civilisation égyptienne, Spengler n'aurait pas pu écrire son livre. Parce que pour un Égyptien, les civilisations antérieures n'avaient pas d'intérêt ; elles n'avaient même pas d'existence. Il n'y avait pas d'histoire. Là il y a quelque chose à quoi il faut attacher beaucoup d'importance. Nous ne sommes pas une civilisation parmi les autres. Nous sommes le résultat d'une mutation considérable de l'humanité, premièrement par notre préhension du passé et deuxièmement par le développement de la machine. Pensez que la puissance de l'homme a plus grandi en une vie actuelle — si vous voulez, la mienne — que depuis le paléolithique, c'est-à-dire en quarante mille ans. En une seule vie. Enfin... j'ai connu les fiacres et j'ai vu les hommes sur la lune. Rien de plus simple que l'un ou l'autre, mais les deux ! Alors là, il y a un phénomène considérable.

— *Revenons, si vous voulez bien, à votre imagination visuelle. Quelle est l'influence du cinéma dans votre façon de regarder ?*

— Il faudrait penser tout de suite au cinéma parlant. Parce que mon rapport avec le cinéma, c'est naturellement — vous l'avez très bien vu — le rapport de rapprochements syncopés des images : le mort, l'ombre de l'oiseau. Mais assez souvent je ne fais pas le rapprochement entre des images, je fais le rapprochement entre une image et un son. Et ça, c'est le cinéma parlant. Ça venait de l'autre, n'est-ce pas ?

— *Mais est-ce que c'est de par le cinéma que vous avez eu cette sensibilité ?*

— Je ne crois pas. Je crois que la vérité est que l'on retrouve toujours ce qu'on porte, n'est-ce pas ? Mais ça a dû énormément préciser et appeler. Je veux dire que l'habitude d'un certain nombre d'images... parce qu'après tout un grand metteur en scène ne fait tout de même qu'une dizaine de films, tandis que nous, nous en voyons deux cents. Alors un grand nombre d'images significatives, naturellement filtrées, même instinctivement, finissent par renforcer beaucoup la part de chacun de nous qui est dans un sens déterminé. Mais c'est peut-être un phénomène d'une catégorie d'hommes et par technique. Ça serait à voir, parce qu'il y a quelqu'un qui a l'obsession de ce que j'appellerais le rapprochement cosmique, et c'est bien avant le cinéma, c'est Tolstoï. Vous pouvez mettre en scène en imagination des scènes entières de Tolstoï extraordinaires. La fin d'*Anna Karénine*, n'est-ce pas ? Vous n'avez qu'à supposer que vous avez l'appareil à 45 degrés sur la tête d'Anna — elle est couchée entre les rails, vous savez — et puis la locomotive qui arrive, donc vous avez le son, et l'ombre de la locomotive qui arrive sur le visage et la locomotive qui remplit l'écran, et le train qui passe, toutes les lumières du train, et après le fourgon qui s'éloigne. Et évidemment il l'a ressenti comme ça.

— *Il l'a ressenti comme ça avant le cinéma. C'est donc une façon de voir...*

— ... organique. Shakespeare, vous savez. Pas Dostoïevski. Dostoïevski, qui a une imagination optique considérable, n'a pas une imagination cinématographique ; il a une imagination stable. Il voit des tableaux.

— *Une des choses qui m'ont frappé, justement, dans les scènes que vous composez dans les romans, en noir et blanc, ombre et lumière, c'est qu'elles sont souvent en mouvement. Je pense par exemple à Perken et au boy qui rentrent à cheval et qui passent à travers des clairières et des ombres. C'est comme si c'était vu au cinéma, avec des hachés...*

— Écoutez, il y a un travail que personne n'a fait — je ne vous conseille pas de le faire, si vous voulez, vous perdriez des années — ce serait d'expérimenter un peu s'il n'y a pas des modes d'images par catégories. Autrement dit, est-ce que chacun voit les mêmes images dans le matériel du souvenir ? Il y aurait peut-être une réponse très simple. Comme il y a des gens qui voient en couleurs, et d'autres en noir, il y a peut-être des gens qui voient en fixe et des gens qui voient en mouvement. Parce que dans certains grands romanciers comme Flaubert le tableau est toujours fixé, et c'est tellement important qu'il a été amené à changer le temps du verbe. On employait le passé simple, c'est Flaubert qui a inventé d'employer l'imparfait : « Il leva les yeux (*leva*), la lune brillait (et non pas *brilla*), et elle étendait (et non pas *étendit*) de grandes ombres et de grandes clartés sur le paysage ». Ça c'est Flaubert qui l'a inventé. C'est évidemment une façon de faire passer quelque chose en mouvement dans quelque chose d'immobile. Et alors, du commencement à la fin, certains tableaux de Flaubert sont des réussites prestigieuses. Il se donnait énormément de mal. Vous savez qu'il a travaillé pendant un mois pour la casquette de Charles Bovary. Il voulait décrire une casquette. Or pour moi c'est impensable — dans le passé aussi —, d'abord je ne penserais pas à décrire une casquette, je chercherais quelque chose de quasi caricatural qui puisse la suggérer dans une seule phrase. Exagérons simplement : il avait une casquette plate, comme un pâtissier. Mais pas comme Flaubert : le premier étage était comme ceci, le deuxième étage comme cela, etc. Donc, premier point, il y a la technique. Second point : je crois que je ne vois pas en fixe dans le souvenir. Dans le rêve, nous rêvons tous en mouvement. Mais il doit y avoir une mémoire du fixe et une mémoire du non-fixe, très probablement. Je cherche si le portrait nous renseignerait là-dessus mais je ne crois pas... parce que les gens croient qu'on a commencé par le portrait parce qu'on imitait les choses ; c'est complètement idiot, le portrait c'est ce qu'il y a de plus tardif dans tous les très grands arts. On commence par les dieux, on finit par les portraits...

94

— *Là, avec le portrait, on touche un autre aspect qui m'inté-*
resse, c'est à la fois le rôle du visage dans les romans — du visage
vu — et puis aussi, pour le portrait, ce que vous avez dit dans
Les Voix du silence *sur les portraits, que depuis Rembrandt les*
portraits, par la transfiguration, mettaient les gens en question,
que ce n'était pas une photo, et que c'est seulement avec des auto-
portraits que les peintres trichent.

— En même temps, question non résolue dans le cas de
Rembrandt : il s'interroge toute sa vie. Ne disons pas que les
derniers portraits sont des solutions. Il aurait vécu dix ans de
plus, il aurait continué. Il y avait évidemment que se peindre
était une opération magique.

— *Une des choses qui m'ont frappé dans vos romans, comme*
dans ceux de Sartre, Camus et certains autres, c'est le rôle du
miroir, c'est-à-dire où on se voit tel que les autres vous voient. Je
pense, par exemple, à la scène où Clappique fait toutes sortes de
grimaces devant la glace, se voit un instant comme il est et s'écroule.

— Ça commence avec Baudelaire. C'est curieux, parce que
beaucoup de choses commencent avec Baudelaire. Certaines,
c'est bien facile à comprendre, certaines... ça semble le hasard.
Et tout de même c'est ça.

— *C'est une étude que j'aimerais faire un jour : le miroir dans*
la littérature moderne. C'est extraordinaire.

— N'importe comment, le miroir est en effet un sujet extraordinaire. Vous pensez bien que c'est un sujet inévitablement
métaphysique parce qu'il y a une première donnée qui est tout
à fait simple, et puis à partir de cette donnée tout commence.
On vous dira, eh bien, il vous reflète. Alors d'abord, il vous
donne de vous une image que vous ne pouvez pas avoir, ce
qu'on oublie toujours. Que les autres peuvent avoir, mais pas
vous, parce que vous ne pouvez pas vous regarder, vous ne
pouvez vous regarder qu'avec un miroir. C'est déjà un acte
magique surprenant. Si vous ne vous étiez jamais vu et si
un ange vous apportait un miroir, vous seriez stupéfait. Première chose. Deuxièmement, il vous montre dans un entourage
qui n'est pas réel. Je veux dire que si nous nous regardons

tous les deux dans la glace, ce que nous avons c'est le cadre de la glace. Mais ce n'est pas la pièce. Autrement dit, nous avons les yeux comme ça [avec un champ de vision très large] et nous regardons dans le miroir comme ça [avec un champ de vision très limité]. Alors ça, c'est important. Et puis troisième point, qui va très loin : attention, c'est nous — l'Occident —, c'est nous qui avons inventé le cadre, et ça joue aussi sur le miroir. Notre miroir est encadré. Quand vous êtes en Chine, un peintre chinois vous dit : « Mais vous vous croyez tellement libres, vous avez fait de la peinture abstraite, vous n'avez jamais fait autre chose que de petits carrés. » Or c'est vrai. Eux n'ont pas le petit carré, ils n'ont pas le cadre. D'abord le rouleau se déroule, et puis quand ce sont des fresques, nos fresques sont encore cadrés, mais les fresques chinoises n'ont pas de cadre. C'est comme les peintures préhistoriques, n'est-ce pas, ça se déroule sur les murs. Il y a des foyers multiples. Nous, nous n'avons jamais de foyers multiples. Quand même vous auriez cinquante personnages, ces cinquante personnages sont piégés dans le carré. Et le miroir est aussi un carré.

Réfléchissez-y en vous plaçant dans l'état d'esprit du Chinois. Partez de l'idée : « Je me mets à regarder n'importe quel tableau en n'ayant jamais vu un tableau cadré. » Et qu'est-ce que je pense ? L'énorme surprise que vous aurez ! Parce que pour nous, c'est tellement évident, c'est tout juste si nous ne regardons pas nos amis à travers des carrés imaginaires ! Et puis toutes nos photos. Notre œil est formé sur le piège. Mais ça, c'est l'Europe. Et ça continue avec la télé, ça continue avec le cinéma. En fait nous n'avons pas — nous allons finir par l'imposer au monde, d'ailleurs — nous n'avons pas de mode de représentation qui ne soit cadré. Nous Européens, nous n'avons pas de rouleau, nous n'avons pas de fresques sans cadre, nous n'avons aucun système de dessin... Nous pouvons avoir des dessins-ébauches sans rien, seulement ce n'est pas un bon exemple parce que ça fait préparation. Nous n'avons pas non plus ce qu'on pourrait appeler un dessin complet libre du cadre. Un peintre qui se mettrait à prendre une très grande toile et

qui ferait dessus un tout petit personnage, sans fond, sans rien...
d'abord, ça n'existe pas, et puis ça serait un jeu et on le senti-
rait. Parce que les trouvailles à l'intérieur d'une civilisation
dépendent tout de même de cette civilisation. Ce n'est pas la
même chose de vous mettre à isoler par un trucage photogra-
phique un démon de Jérôme Bosch ; ce n'est pas la même chose
que d'inventer le rouleau. Parce que ce n'est pas quelqu'un
qui a inventé le rouleau, c'est la civilisation chinoise tout entière.
Elle a probablement mis quinze cents ans. Alors ces grandes
trouvailles se passent dans un terrain très peu individuel, très
peu rationnel.

Nous, nous avons une vision imaginaire centrée et cadrée.
Le romancier qui décrit une scène la voit comme ça. Alors,
le sachant, il peut, parce que c'est un effet puissant, l'étendre
de la même façon que le metteur en scène de cinéma qui fait
une scène comme ça peut faire un panoramique. D'ailleurs
il le fait.

— *Là, par exemple, vous avez dans vos romans des vues brusques
sur le ciel étoilé, sur les nuages, sur l'horizon, qui élargissent le
cadre...*

— Remarquez que les exemples que vous prenez sont tous
cosmiques. Le ciel étoilé est cosmique, l'horizon est cosmique.
Il est probable qu'il y a tout un répertoire d'images — c'est
très visible pour Victor Hugo — qui sont... En musique, n'est-ce
pas, vous avez la mélodie et vous avez son accompagnement.
Eh bien, je crois que les images cosmiques jouent dans le roman
et dans le poème le rôle de l'accompagnement en musique, la
main gauche, la partie grave. C'est quand quelque chose qui
se passe dans des conditions tout à fait précises, ordinaires, sur
terre, passe sur l'élément cosmique, quel que soit le moyen.
Le plus humble de tous — déjà les Grecs l'avaient employé —
c'est la lune. Décrire une scène, un personnage quelconque,
il regarde la lune, c'est déjà dans Théocrite. C'est l'exemple
tout à fait banal mais c'est l'exemple clair.

Autrement dit, l'image cosmique n'est pas une image parmi
d'autres, c'est un domaine comme l'accompagnement en musique

est un domaine, ce n'est pas un saxophone. Ça sert à donner les graves par rapport aux aigus. Alors il n'y a pas que les images cosmiques, mais il y a toutes les images tout de même non anecdotiques, n'est-ce pas ? Tout ce qui est biologique, tout ce qui est géologique, tout ce qui probablement échappe aux données essentielles de la vie humaine. Probablement ce qui dure plus longtemps, ce qui est plus vaste, et bien naturellement tout le domaine de la mort, tout ce qui pour l'homme n'est pas dominé par lui ; tout ce qui est objet d'interrogation est évidemment chaque fois une résonance extrêmement puissante. Maintenant, vous comprenez que j'analyse après coup, parce que si vous vouliez partir de ce que je dis, ce qu'on ferait serait ridicule. C'est tout à fait comme si Rembrandt s'était dit : « Je vais faire une lumière anormale. »

— *Mais là, justement, ces éléments qui dépassent l'homme, la mort, la solitude, le cosmos, tout ce que vous appelez destin, j'ai trouvé que très souvent, sans doute pas par un choix conscient, vous avez employé l'image de l'aveugle ou de la cécité pour rendre ça. L'importance de la vision pour les personnages, quand ils se voient surtout l'un l'autre, c'est qu'ils voient, qu'ils prennent conscience de leur solidarité, de leur fraternité, dans plusieurs scènes de L'Espoir surtout. Par contre, l'aveugle, et surtout l'aveuglement brutal, violent, semblent très souvent liés au destin, à l'humiliation, à la solitude, à l'incommunicabilité, à la mort...*

— Il n'y a pas que chez moi. Dans la tragédie grecque l'adjectif qui accompagne destin, comme *grand* accompagne Zeus, c'est *aveugle*.

— *Oui, mais dans un autre sens.*

— Ça se rejoint. Directement non, pas du tout...

— *Mais dans la tragédie grecque il y a deux sens de la cécité, Œdipe qui s'aveugle — et là c'est son sort, sa fatalité, son destin, et semble rejoindre à la fois ce que vous dites dans les romans et ce que vous dites sur Œdipe dans les livres sur l'art. Et puis d'autre part il y a Tirésias, c'est-à-dire le voyant qui voit mieux parce qu'il ne voit pas, parce qu'il ne s'arrête pas aux apparences.*

— Dites-vous que l'emploi de l'adjectif constant est certainement encore autre chose. Vous savez, il a dû y avoir pour les Grecs un domaine immense où tout cela se mélangeait. Par exemple, pour nous, le mot *Dieu* représente des idées qui n'ont rien à voir les unes avec les autres : créateur, juge, amour, sont des idées tout à fait distinctes. Pour n'importe quel homme dans la civilisation chrétienne, Dieu implique tout ça. Je crois que *aveugle*, pour les Grecs, était un domaine comme *Dieu* pour nous. C'est pour ça que quand ils disent « destin aveugle », comme nous dirions « destin » tout court, le lien était si fort que le mot venait de lui-même. Il y a des mots qui sont des expressions, et il y a des mots qui sont des domaines. Ce que j'appelle *domaine*, ce sont des mots à sens superposés : Dieu, amour, mort... Vous pouvez vous amuser à trouver une dizaine de sens facilement. Et ce n'est pas du tout parce que les gens ne savent pas ce qu'ils veulent dire, c'est parce qu'il est dans la nature des mots essentiels de n'importe quelle langue d'être... des sacs. Il y a des mots qui portent en eux un très grand nombre de sens et au fur et à mesure que vous voyez des choses considérables entrer dans des civilisations, vous voyez les mots se charger de sens. Par exemple, *patrie*. Au début c'était un mot d'une extrême banalité, c'est la terre où vous êtes né. Avec les siècles ça devient aujourd'hui une des idées les plus complexes. Vous savez que Renan avait passé un an à tirer au clair ce qu'il en pensait, et si vous vouliez écrire deux cents pages sur l'idée de patrie, vous pourriez très bien le faire. C'est une des idées les plus complexes qui existent aujourd'hui.

— *Oui. Il y a Tirésias, et puis dans un poème de Rilke il y a un mendiant aveugle sur le pont du Carrousel qui est pour lui l'entrée dans le monde profond, au-delà des apparences. Il me semble que dans vos romans la cécité n'a jamais ce sens positif. On pourrait être tenté de dire que dans un sens on reste à la surface, d'après ce qu'on voit, et on ne voit pas très loin. Je pense à Kyo, par exemple, qui comprend finalement qu'il ne connaît pas les autres et que les autres ne le connaissent pas, puisqu'ils se connaissent de l'extérieur. Si on reste uniquement sur le plan visuel, on reste tout de même superficiel, à l'exception peut-être*

99

de ces entrées, par les mots ou les images, dans des domaines pro-
fonds. Vous voyez ce que je veux dire ?

— Oui. Je crois que métaphysiquement il doit se passer
ceci. Étant donné que tout ce que j'ai écrit consiste à poser
la contradiction entre le domaine de l'apparence au sens métaphysique — c'est-à-dire ce qu'on pourrait appeler la vie — et
le domaine de l'absolu quel qu'il soit, il est assez probable que...
Vous avez employé tout à l'heure le mot *apparence* avec beaucoup de raison, quand vous avez dit que l'aveugle ne voit pas
les apparences. Il est probable que le personnage qui se définit
par sa rupture avec l'apparence, par son ignorance de l'apparence, doit être dans l'inconscient un personnage très important. Mais ça me dépasse peut-être de loin parce qu'il a dû y
avoir quelque chose comme ça avec la Grèce. Ce n'est pas
par hasard que les devins sont aveugles, parce qu'il n'y a qu'en
Grèce ; dans les autres pays les devins ne sont pas aveugles.
De même qu'il n'y a qu'en Grèce qu'il y ait des déesses des
arts. Il y a trois choses : il n'y a qu'eux qui aient des devins
aveugles, des muses — les déesses des arts, parce que vous
savez qu'il n'y a pas de déesses des arts —, et le destin comme
dieu sans temple. Vous savez qu'au-delà de l'Olympe il y a
un dieu qui est le destin et qui est le seul auquel on n'a pas le
droit d'ériger un temple. Et ça va assez bien ensemble.

— *Oui, en effet. Mais là aussi, Tirésias, c'est un personnage-*
type qui est fascinant en lui-même.

— Vous vous rendez bien compte qu'il y a une trouvaille
proprement poétique et qui plonge probablement très loin
dans l'inconscient. Pourquoi est-ce que ça *vous* impressionne
que Tirésias soit aveugle ? Parce que c'est une trouvaille poétique shakespearienne. Que le poète invente — le poète ou la
civilisation antique — que le devin est aveugle, c'est une trouvaille extraordinaire. Chaque fois que sur un type humain
considérable — le héros, le devin, le prêtre — vous avez un
masque, vous avez chaque fois une impression poétique extraordinaire. Shakespeare l'a fait systématiquement. Seulement dans
le cas des Grecs, Tirésias est un personnage qui appartient

à la religion ; il n'est pas inventé par la tragédie parce qu'il est dans Homère. Quand Ulysse descend chez les morts, c'est Tirésias qui lui dit : « Tu rentreras à Itaque ». Donc bien avant la tragédie grecque, il faisait partie de la mythologie. De ce point de vue les trouvailles poétiques des Grecs sont extraordinaires. L'histoire d'Hercule est absolument un roman psychanalytique.

— *Comment placez-vous Kyo et May ? Il me semble que la scène qui suit l'aveu de May est à peu près le seul moment dans vos romans où on va au-delà des apparences, de ce qu'on peut connaître de l'autre, où au moins on touche quelque chose qui n'est pas tangible, tandis qu'ailleurs on voit de l'extérieur.*

— Oui, mais je crois que c'est assez déterminé, les scènes de ce genre. Dites-vous qu'il existe dans la tragédie, dans le roman, un certain nombre de scènes qui sont d'une nature particulière. Quel que soit le romancier, à partir du moment où il met la mort en scène, ce n'est pas comme s'il mettait les gens dans un salon. Alors là, vous êtes sur un domaine excessivement profond. C'est assez probable qu'il y a une dimension supplémentaire. C'est la même que vous appeliez tout à l'heure la dimension cosmique, quand vous avez l'image de la vie cosmique qui continue en opposition à la mort. Tout ce qui est histoire, donc durée courte dans le temps par rapport à l'étendue sans fin, a une action physiologique très puissante. Quand j'ai parlé aux maquisards des Glières, j'ai parlé du type du maquis qui avait été tué ; alors je disais : « Et quand tu es tombé, les oiseaux chantaient — parce qu'il avait été tué dans une forêt — les oiseaux chantaient au-dessus de toi, ils chantaient sur les corps des soldats de l'an Deux. » Et tous les types se sont levés. À l'idée, n'est-ce pas, des soldats de l'an Deux, qui était une chose dans le passé, et en même temps tellement précise. J'aurais dit : « ils chantaient sur les corps des soldats morts », ça n'aurait pas été pareil du tout. Le mélange de la part de passé, d'Histoire et en même temps de précision. Le côté physiologique des images, on le sent beaucoup plus comme orateur que comme écrivain, parce que là il y a le côté physique.

— Et là aussi, il faut toucher tout de suite, on ne peut pas relire la page.

— Et puis très souvent on le fait sans savoir. Je ne pensais pas du tout ; pour moi c'était une phrase qui devait être là, bon. Je n'avais pas du tout prévu cet effet. D'ailleurs, vous savez, on prévoit assez peu l'effet des choses essentielles. Il y a un degré en haut : on ne prévoit pas grand-chose. Il y a un degré au milieu : on prévoit très bien. Autrement dit, un orateur expérimenté peut très bien savoir que tel type de phrase donnera tel résultat. D'abord il y a des choses parfaitement physiques. Si vous voulez être applaudi, vous n'avez qu'à finir par une interrogation, parce que les spectateurs n'ont pas d'autre moyen de vous dire qu'ils sont d'accord que d'applaudir. Si vous leur dites, comme dernière phrase : « Êtes-vous prêts à combattre le fascisme ? », vous avez des tonnerres d'applaudissements. Ça veut simplement dire que les types disent oui. Seulement ce n'est pas important, ça. Ça s'arrête au premier étage de la tour. La vraie tour, c'est quand on ne sait pas.

— Je prépare en ce moment un exposé que je vais faire devant l'Académie Malraux sur certaines scènes de L'Espoir *où il y a ce qu'on pourrait appeler des symphonies en noir et blanc, des jeux d'ombres et de lumières où vous renversez les valeurs traditionnelles, où la lumière devient menaçante, aveuglante et où la nuit est protectrice, et puis de nouveau vous les rétablissez.*

— Vous avez raison avec votre théorie de l'ombre et de la lumière, et vous devriez, non pas la généraliser, parce que c'est un travail énorme, mais l'étendre un peu. Je veux dire, prendre la question sur trois ou quatre romanciers — le temps d'un chapitre pour les quatre, sans ça vous y passeriez votre vie —, mais ça serait certainement assez intéressant pour vous de suivre la même idée et de voir quels sont les résultats. Balzac aussi est en noir et blanc...

— Mais ces renversements de valeur de noir et blanc, ombre et lumière, nuit et jour, est-ce que c'était conscient, est-ce que vous avez prévu ça ?

102

— Jamais, jamais, jamais. Systématiquement pas, systématiquement pas. Si vous faites attention aux effets de ce que vous écrivez, vous fichez tout par terre. Je crois comme vous que c'est ça, que c'est vrai, et comment dirais-je ? si je le sens, je m'y abandonne, vous comprenez, je suis pour, mais du plus loin possible. Mais une chose que vous pourriez ajouter : ces effets de noir et blanc n'ont pas d'équivalents dans les autres couleurs. J'*ai* des effets de noir et blanc, je n'ai pas d'effet de rouge et vert. Balzac *a* des effets de rouge et noir.

— *Oui, c'est un des aspects qui me semblaient tenir peut-être du cinéma, plutôt que de la peinture par exemple. C'était plutôt en contraste brutal — noir et blanc — que dans des nuances de couleur...*

— Prendre le cinéma est toujours plus juste parce que l'œil du romancier, l'œil qui garnit la mémoire, qui permet d'écrire, est apparenté à l'écran. Il n'est pas apparenté au tableau. Le roman, n'oublions pas, est une narration ; c'est par conséquent quelque chose qui s'écoule. Le tableau est quelque chose de fixe. Alors, que vous puissiez *insérer* un tableau, vous pourriez aussi l'insérer dans un film, pour une seconde, oui vous pouvez. Mais le tempo, comme on dit en musique, existe dans le roman ; il existe dans le poème long, il existe dans la musique, il existe dans le cinéma, il n'existe pas dans le tableau. Et quand vous commencez à vous raconter un tableau — ce qui est assez possible au XVe siècle où vous avez souvent dans le même tableau des scènes successives, par exemple pour un saint : prédication, martyre — immédiatement vous sentez que quelque chose ne va pas. Ce n'est pas fait pour ça. Et là encore les Orientaux disent une chose intéressante. Ils disent : « Vous avez l'œil fixe ; nous, nous avons l'œil mobile. Nous regardons un tableau par ses détails. » Ils ont publié, par exemple, je ne sais pas, cinquante détails de la Joconde. Ils prennent la Joconde, ils commencent par en bas, etc. Nous, jamais. Quand nous donnons des détails, ce sont des détails coupés. Alors leur tableau est regardé avec l'œil mobile puisqu'ils le déroulent au fur et à mesure. Et alors ils disent qu'ils sont tout à fait étonnés parce qu'avec notre peinture ils sont obligés de prendre l'habitude du regard fixe. Ils disent tous : « Un tableau européen se regarde d'un seul coup d'œil. C'est une totalité. Pour nous, un tableau ne peut pas être une totalité ; il faut que nous apprenions cette sorte de bilinguisme. » De ce point de vue le romancier a un regard assez mobile. Comme le cinéma, il a la possibilité de déplacer le foyer.

COMPTES RENDUS

MALRAUX ET LE CINÉMA

par Joseph Jurt

Franz-Josef Albersmeier, *André Malraux und der Film. Zur Rezeption des Films in Frankreich.* Frankfurt/M, Verlag Peter Lang, 1973. 346 p. (« Europäische Hochschulschriften ». Reihe xxx : « Filmwissenschaftliche Studien », Band 1).

Un reporter, dans un art dont la métaphore est l'expression essentielle, ne peut être que manœuvre ; le poète, le romancier seront toujours plus grands que lui. Si l'objet de l'art est de détruire le fait, le reporter est battu ; mais si cet objet peut être le rapprochement elliptique, non de deux mots, mais de deux faits, cinéaste et reporter retrouvent leur force, et c'est la même.

Dans ces propos, écrits en préface à l'ouvrage de A. Viollis, *Indochine S.O.S.* [1], Malraux définit à la fois sa propre esthétique (proche du reportage [2]) et celle du cinéma le plus avancé, celui qui s'articule comme « écriture », le cinéma qui ne vise plus exclusivement la représentation visuelle mais la structuration rythmique obtenue par le montage. Au principe malrucien du « rapprochement de deux faits » correspond ainsi la définition qu'Eisenstein donne du montage en tant qu' « *idée qui se manifeste comme le résultat du choc de deux éléments indépendants l'un de l'autre* » (p. 63 [3]). La parenté de l'écriture malrucienne et de l'écriture cinématographique moderne instaurée par Eisenstein semble donc évidente : l'une et l'autre n'entendent pas s'évader du réel par l'imagination ; loin de vouloir reproduire la réalité telle quelle, elles se servent des éléments matériels afin de les organiser de sorte que de cette *organisation* naisse le sens.

Les rapports entre Malraux et le cinéma ne se réduisent cependant pas à la parenté de deux écritures. L'auteur de *La Condition humaine* n'a pas cessé de réfléchir sur la spécificité du septième art, réflexions qui se sont concrétisées notamment dans *L'Esquisse d'une psychologie du cinéma* ; d'autre part, il est lui-même auteur d'un film *Sierra de Teruel* qui s'inspire d'un roman préalablement écrit. Il y a donc une relation extrêmement étroite entre Malraux et le cinéma que la critique se devait d'explorer. On s'étonne que ces rapports n'aient pas été davantage mis en lumière jusqu'à présent.

Franz-Josef Albersmeier, qui nous avait déjà donné une bibliographie quasi exhaustive sur « Malraux et le cinéma » [4], comble aujourd'hui cette lacune par la publication de sa thèse *André Malraux und der Film. Zur Rezeption des Films in Frankreich* qui peut passer dès à présent comme ouvrage de référence.

Dans une première partie, l'auteur a réuni à partir d'une analyse historique minutieuse tous les éléments qui peuvent constituer une théorie malrucienne du cinéma qui s'est élaborée conjointement à sa philosophie de l'art. Nous nous permettons de résumer ici les principaux résultats de cette enquête diachronique. Malraux faisait partie dès 1920 du groupe autour de la revue *Action* qui avait en Cendrars « le principal défenseur » du cinéma (selon les termes d'une lettre de l'écrivain à F.-J. Albersmeier) ; le futur romancier était fasciné par les films comiques américains, le cinéma des expressionnistes allemands ainsi que par les films suédois de cette époque. La rencontre la plus marquante a été cependant celle d'Eisenstein. L'auteur nous montre que Malraux, après avoir défendu publiquement en 1928 *Le Cuirassé Potemkine*, alors interdit par la Préfecture de Paris, devait rencontrer le grand cinéaste russe en 1930 à Paris pour le revoir en 1934 en Russie, au moment où celui-ci envisageait de mettre *La Condition humaine* à l'écran. F.-J. Albersmeier relate, citant de nouveau une lettre personnelle de Malraux, qu'un synopsis du film avait déjà été préparé « avec toutes les images principales, mais aucun dialogue » (p. 25). « *On ne sait pourquoi ces projets tournèrent court. Peut-être en raison de l'attitude politique de Malraux au congrès* [des Écrivains en 1934] *et pendant son séjour* », pense J. Lacouture (p. 173 [5]). F.-J. Albersmeier est plus précis là-dessus ; il affirme que le projet a avorté pour des raisons poli-tiques-idéologiques (l'argument de la Révolution chinoise ayant été exploité par l'opposition trotzkyste) et esthético-formelles (Eisenstein ne parvenant pas à une typification des figures malruciennes). Le premier argument est également avancé par Malraux dans son entretien avec Jean Vilar : « *Il* [Eisenstein] *avait à peu près fait les deux-tiers du synopsis quand il a vu venir le drame. Ce qui a déclenché les purges, c'est l'assassinat de Kirov, mais Eisenstein les pressentait, et il m'avait dit : nous ne tournerons pas le film, je ne m'en sortirai pas.* » [6].

La rencontre avec Eisenstein devait imprégner profondément la réflexion théorique de Malraux durant les années Trente. À l'aide de documents peu connus, F.-J. Albersmeier démontre que l'écrivain se réfère constamment à la notion (cinémato-graphique) eisensteinienne du montage qu'il oppose à la simple photographie qui reproduit le réel. Si Malraux résiste à la tentation d'un plat « réalisme socialiste », c'est qu'il peut se réclamer de l'exemple de l'auteur d'*Octobre* qui maintenait même au moment où il devait faire son autocritique « *son refus d'identifier l'effet significatif à la représentation du réel, et sa volonté de faire participer activement le spectateur, par le montage, à l'élaboration du sens* » (p. 62 [3]).

La référence malrucienne à Eisenstein à propos des toiles de Fautrier (« *Devant ses meilleures toiles je pense à Eisenstein* » [7]) me semble cependant peu compatible avec la valorisation du montage — élément temporel-dynamique par excellence à l'opposé de la peinture qui exclut toute temporalité. Les notions d' « *hiéroglyphe de la douleur* » et d' « *idéogrammes pathétiques* » pour désigner *Les Otages* de Fautrier ne me semblent pas (ou tout au plus métaphoriquement) renvoyer à la théorie des idéo-grammes d'Eisenstein ; car celui-ci parle de « *langage hiéro-*

glyptique » ; en évoquant un aspect visuel il introduit tout de suite l'idée de succession ; bref il fait appel au temps [8].

Le phénomène du cinéma amène Malraux également dans les années Trente à une réflexion sur la transformation de la conception de l'art à la suite de la reproduction technique : « *Le destin de l'art va du chef-d'œuvre unique, irremplaçable, souillé par sa reproduction, non seulement au chef-d'œuvre reproduit, mais à l'œuvre faite pour sa reproduction à tel point que son original n'existe plus : le film.* » F.-J. Albersmeier rapproche ces propos, à bon droit, de l'essai de Walter Benjamin, *L'Œuvre d'art à l'ère de sa reproductibilité technique,* mais il n'omet pas de souligner finement les différences qui séparent l'auteur du *Musée imaginaire* de Benjamin [9].

Malraux se réfère par ailleurs explicitement à Benjamin dans son *Esquisse d'une psychologie du cinéma* à laquelle F.-J.Albersmeier consacre une analyse détaillée dans la deuxième partie de sa thèse. L'auteur retrace d'abord l'évolution du cinéma vue par Malraux. Selon l'écrivain, le cinéma est né du désir d'exprimer le mouvement par une succession d'images à quoi ni la peinture ni la photographie ne parvenaient. Le cinéma n'est devenu un art autonome qu'avec la découverte du découpage qui, en le rendant indépendant de l'espace, faisait de lui autre chose qu'un théâtre filmé et permettait d'organiser le matériau donné. L'auteur élucide ensuite les thèses de l'*Esquisse* en les insérant dans la théorie de l'art de Malraux dont il donne un aperçu très clair. Il insiste à juste titre sur l'antiréalisme fondamental de l'auteur du *Musée imaginaire* pour lequel l'art consiste à transformer et non pas à reproduire la réalité : l'œuvre d'art est conçue comme la création d'un univers autonome. F.-J. Albersmeier parle à ce propos d'une « divinisation de l'art » et d'une « *Verabsolutierung der Form* » (p. 105). C'est à partir de ce concept antinomique création/ reproduction que Malraux aborde le cinéma ; celui-ci semble davantage relever de la reproduction et ne pas atteindre à la pureté des créations de l'art pictural et plastique. L'auteur de la thèse objecte à bon droit que le concept critique dont se sert

Malraux ne permet guère de saisir la spécificité du cinéma en tant qu'art qui est à la fois représentation du monde et transformation de cette représentation. L'auteur de l'*Esquisse* valorise néanmoins l'aspect constructif de cet art en comparant l'acte de constitution du Musée imaginaire au montage du metteur en scène qui *choisit* lui aussi des « images significatives » et des « instants privilégiés ». F.-J. Albersmeier interprète la valorisation du montage comme une concrétisation du postulat de la valeur absolue de la forme qui constitue selon Malraux l'œuvre d'art (p. 125).

Mais est-ce qu'on peut parler chez Malraux d'une « *Verabsolutierung der Form* » ? Si l'auteur de *L'Espoir* accorde tant d'importance à la forme, ce n'est pas parce qu'elle est une entité autonome et absolue mais parce qu'elle exprime, à notre avis, une vision du monde et de l'homme [10]. « *La création m'a toujours plus intéressé que la perfection* », confirme-t-il dans *Les Chênes qu'on abat...* [11]. Nous nous permettons de renvoyer dans ce contexte aux conclusions d'une étude consacrée aux problèmes de la *forme* dans l'œuvre malrucienne : *André Malraux : l'éthique comme fonction de l'esthétique* [12]. L'auteur, G. T. Harris, s'interdit de présenter Malraux comme un « *défenseur de l'art pour l'art* » (p. 139 [12]) : « *Le roman malrucien est au service d'une esthétique. Mais cette esthétique, loin d'être gratuite, est au service d'une éthique. La création artistique, sujet qui a préoccupé Malraux pendant toute sa vie, ne cherche point à atteindre le beau, mais à proclamer l'indépendance de l'homme par rapport au monde hostile qui l'entoure.* » (p. 145 [12]).

La mise en valeur du montage cinématographique ne me semble pas non plus relever de la « *Verabsolutierung der Form* » ; car chaque montage implique un choix à partir de critères qui ne sont pas, aux yeux de Malraux, purement formels, mais le plus souvent idéologiques ; l'auteur de la thèse le dit par ailleurs lui-même (pp. 32, 109).

F.-J. Albersmeier ne s'en tient pas à l'*Esquisse*. Après avoir analysé les rapports de Malraux avec le cinéma jusqu'en 1970, il situe la théorie de l'art et du cinéma de l'écrivain à l'intérieur des courants d'avant-garde du XXᵉ siècle et examine les théories existantes concernant les rapports entre cinéma et littérature, et notamment le roman. L'auteur excelle ici non seulement par un inventaire mais aussi par une analyse critique des discussions les plus récentes de la filmologie. Il esquisse ensuite une « théorie à champ unifié », c'est-à-dire un modèle analytique qui permet de décrire les analogies structurelles (structures spatio-temporelles, point de vue, personnages) et idéologiques entre roman et film qui respecte la spécificité littéraire et cinématographique des œuvres. Cette méthodologie comparative dépasse la vieille discussion de l' « adaptation » qui conçoit le film uniquement comme illustration d'un « modèle » littéraire et non pas dans son autonomie esthétique.

Partant de cette « théorie à champ unifié », l'auteur compare *Sierra de Teruel* et *L'Espoir*. Mais il ne s'est pas borné à confronter deux œuvres achevées ; il a réuni tous les documents qui peuvent nous renseigner sur la genèse et du roman et du film ; il mentionne, par exemple, la première version préoriginale de *L'Espoir*, l'article que Malraux a publié au printemps 1937 dans *Collier's Magazine* (« This is War ») — document peu connu même des spécialistes ; il souligne ensuite le statut autonome du scénario. Les proportions et le caractère complexe du roman interdisant une adaptation intégrale, Malraux devait ou bien écrire un scénario entièrement nouveau ou bien choisir simplement les épisodes significatifs du livre. F.-J. Albersmeier démontre que l'écrivain s'est décidé pour une voie médiane : tout en partant du roman comme source principale il a développé certains épisodes qui ne se trouvaient qu'à l'état embryonnaire dans le livre.

Après avoir présenté un découpage du film actuel en 18 séquences et du scénario original publié par M. Aub en 40 séquences ainsi qu'un relevé personnel des unités thématiques des 612 plans du film établi à l'aide d'une visionneuse, l'auteur aboutit aux conclusions que voici : ni le scénario ni le film ne sont construits selon les lois d'une structuration dramaturgique (en vigueur dans le film français d'alors). Cette absence

110

de continuité dramatique (conflit, résolution du conflit) rappelle Eisenstein qui, dans *Octobre*, « *ne retrace plus l'organisation chronologique [des] événements, mais cherche seulement à en dégager les composantes significatives en implantant leurs traces dans l'esprit du spectateur par la répétition discontinue et contrapunctique de thèmes visuels liés, concrètement ou abstraitement, à cette période* » (p. 64 [3]). Les 66 personnages du roman qui se répartissent sur les deux cycles Magnin et Manuel sont réduits dans le film à 17 personnages individuellement caractérisés et qui font partie de trois groupes : l'équipe internationale des aviateurs, les « dynamiteros » et les paysans — trois groupes qui doivent symboliser l'unité du front antifasciste. F.-J. Albersmeier remarque à juste titre qu'aucun personnage ne prédomine les groupes ; ce n'est pas l'individu mais le groupe qui est le véritable héros. Par là l'auteur évite à la fois la structuration dramatique (où le conflit serait centré sur un héros individuel) et s'oppose au « star-système » hollywoodien. Quant à la structure spatio-temporelle, les notations exactes des dates et des lieux qu'on trouvait dans le roman sont effacées dans le film. On peut donc constater — malgré les nombreuses interférences thématiques — une condensation graduelle du roman au scénario et du scénario au film. On se demande cependant pour quels motifs (esthétiques, idéologiques ou relevant simplement des circonstances extérieures) Malraux a modifié le projet initial [13] dont il a parlé à Claude Mauriac.

L'intention principale de Malraux en tournant ce film a été — selon F.-J. Albersmeier — d'en faire un instrument de propagande : « *Sierra de Teruel* est une œuvre de commande et doit être comprise dans ses intentions politico-propagandistes. » (p. 44). C'est au cours de sa visite des studios de Hollywood que Malraux avait eu l'idée de faire un film de propagande afin d'inciter les nations démocratiques à s'engager pour les Républicains espagnols [14]. C'est sa nature de film de propagande qui expliquerait la condensation (réduction du nombre de personnages, effacement des notations idéologiques et spatio-temporelles précises) de *Sierra de Teruel*. « Malraux évite la construction d'un cliché ami-ennemi qui aurait pu détourner l'attention du spectateur des buts et de la tactique républicaines et aurait probablement affaibli la position républicaine aux yeux du public international. » (p. 199). Je ne pense pas qu'on puisse expliquer l'absence de l'ennemi — qu'on avait déjà relevé dans le roman — par le seul souci de propagande de l'auteur. J'y verrais plutôt un trait permanent de son œuvre — qui a été bien souligné par G. Picon : « " *Le contre n'existe pas* " *aime-t-il à dire* [...]. *Et il répugne à introduire, à l'intérieur du monde humain, une représentation négative, comme si tout ce qui participe de l'homme possédait à ses yeux une grandeur.* » [15].

Je pense que le terme de « propagande » appliqué au film de Malraux peut prêter à confusion ; car cette notion a, de nos jours, des connotations presque exclusivement négatives : simplification ou même falsification de la réalité afin de manipuler les masses. Malraux devait par ailleurs lui-même dénoncer, après la guerre, le cinéma en tant que moyen de propagande qui est en Amérique « *au service d'un système économique et* [*tend*] *à contraindre l'individu à l'achat* [*et*] *en Russie* [...] *au service d'un système politique et* [*tend*] *à contraindre le citoyen à une adhésion sans réserve à l'idéologie des dirigeants* » (cité par F.-J. Albersmeier, p. 65). Il va de soi que le film de Malraux ne saurait être subsumé sous cette catégorie. L'auteur de la thèse reconnaît lui-même que *Sierra de Teruel* ne peut passer pour un film tendancieux et qu'il n'y a aucune intervention d'auteur directe. Mais le film contraindrait le spectateur à s'identifier avec la cause républicaine (l'auteur parle à ce propos de « propagande implicite » par opposition à une propagande déclamatoire). Pourtant dans sa conclusion, il nuance beaucoup sa thèse de *Sierra de Teruel* film de propagande en disant que « Malraux a transposé esthétiquement l'aspect propagatoire le supprimant par là ou le relativisant tout au moins. L'écrivain s'est refusé à créer un ouvrage de tendance unilatérale. C'est un film qui témoigne de la condition humaine plutôt que d'un affrontement politique-historique » (p. 206). Pour cette raison, je préférerais le terme de « film engagé » à celui de film de propagande : une œuvre qui, tout en témoignant de valeurs universelles, est enracinée dans la réalité politique et cherche à convaincre le public de la justesse d'une cause — trait qui caractérisait déjà les œuvres antérieures de Malraux [16]. À propos des *Conquérants* il disait qu'il s'agissait pour lui de « *savoir si l'exemple donné par Garine agit avec efficacité en tant que création éthique. Ou il agit sur les hommes qui la lisent ou il n'agit pas. S'il n'agit pas, il n'y a pas de question des* Conquérants » (p. 137 [5]).

Ce compte rendu laisse à peine entrevoir toute la richesse de l'ouvrage de F.-J. Albersmeier qui expose non seulement l'ensemble des aspects qui concernent Malraux et le cinéma ; l'auteur n'hésite pas à interpréter les faits et suscite par là la discussion. Son ouvrage repose sur une documentation extrêmement fouillée ; je renvoie à son appareil critique et notamment à la précieuse bibliographie de tous les écrits de Malraux (pp. 315–22 : ouvrages, articles, préfaces, lettres, entretiens) qui me paraît être la plus exhaustive actuellement. En plus d'une monographie sur les rapports Malraux et le cinéma, l'auteur nous donne une biographie très détaillée de l'écrivain, insérant ainsi les réflexions sur l'art et le cinéma dans un contexte biographique et politique. Nous compléterions ces informations par quelques précisions qui ne portent que sur des détails. L'auteur écrit (p. 48) que le pacte germano-soviétique amène Malraux à une rupture avec le communisme qui se concrétise par des prises de position fortement anticommunistes. Nous ne voyons pas de traces de telles prises de position immédiates :

Si sévère qu'il fût pour le pacte et ce qu'il impliquait à court terme pour les masses françaises, l'auteur de *L'Espoir* [...] se refusa à toute condamnation publique. À son ami Raymond Aron qui, en octobre 1939, le poussait à mettre son prestige et son influence au service d'une nécessaire clarification, il répondit : " Je ne dirai, je ne ferai rien contre les communistes tant qu'ils seront en prison ".
(p. 268 [5])

Page 52 : « En octobre 1939, donc déjà avant le déclenchement de la Seconde Guerre mondiale, Malraux se met spontanément au service de l'armée française. » Il fallait probablement lire : avant le déclenchement de la campagne de France. À la même page l'auteur affirme, croyant au caractère autobiographique du récit des *Noyers de l'Altenburg*, que Malraux a failli mourir en 1940 dans une fosse à tanks sur les routes des Flandres. Lacouture nous apprend que ce récit « *est œuvre de romancier, inspiré par une aventure du même ordre vécue par son père le Capitaine Malraux en 1918, par son propre " retour " à la vie de 1934 et par sa découverte du monde paysan et des petites gens, en 1940* » (p. 271 [5]).

Il ne nous reste qu'à souhaiter une large diffusion à cet excellent ouvrage qui est à la fois un apport important aux études malruciennes et à la recherche cinématographique [17].

NOTES

1. Paris, Gallimard, 1935, pp. VII-VIII.
2. Malraux n'avait pas craint d'appeler *La Condition humaine* un « reportage ». Mounier remarque à juste titre à propos de *L'Espoir* que « *Malraux, à travers ses romans a donné des lettres de noblesse au journalisme en créant le reportage héroïque où tous les hommes, tous leurs gestes, tous les événements sont mesurés à leur grandeur dans le combat.* » (*Esprit*, 1er juin 1938, p. 437).
3. Cité par M.-C. ROPARS-WUILLEUMIER, *De la littérature au cinéma* (Paris, Armand Colin, 1970).
4. *Mélanges Malraux Miscellany*, IV, no. 2, Autumn 1972, pp. 3-24.
5. *André Malraux. Une vie dans le siècle* (Paris, Seuil, 1973).
6. Jean VILAR, « Un Entretien avec André Malraux », *Magazine littéraire*, n° 54, juill.-août 1971, p. 16.
7. A. MALRAUX, « Exposition Fautrier », *N.R.F.*, févr. 1933.
8. Cf. M.-C. ROPARS-WUILLEUMIER, « La Fonction de la métaphore dans *Octobre* d'Eisenstein », *Littérature*, n° 11, oct. 1973, p. 127 : « *On n'a pas suffisamment remarqué qu'il [Eisenstein] se réfère toujours à des hiéroglyphes accouplés et non pas isolés. Dans cette perspective, c'est la combinaison de représentations qui produit le signe, et non chaque représentation qui se trouve érigée en symbole.* »
9. Ces différences ont été également soulignées par Raymond Rütten dans son compte rendu de la thèse de H. Hina, *Nietzsche und Marx bei Malraux* (*Arcadia*, Band 7, Heft 1, 1972, p. 112). Selon Rütten, qui tâche de situer l'essai dans son contexte socio-politique, Benjamin accueille favorablement la reproductibilité de l'art ; car celle-ci détruit l' « aura » (la singularité) de l'œuvre d'art, donc son aspect cultuel qui sera remplacé par son

impact politique (« *An die Stelle ihrer Fundierung aufs Ritual tritt ihre Fundierung auf eine andere Praxis : nämlich ihre Fundierung auf Politik* »). Un art politisé s'opposera à la politique conçue comme esthétique propre au fascisme. Malraux reprend, selon Rütten, dans *Les Voix du silence : Le Musée imaginaire* l'idée de la reproductibilité de l'art de Benjamin tout en supprimant son aspect socio-critique. Une conception d'un art antifasciste se serait transformée chez Malraux en une évasion vers un « musée imaginaire » à l'intérieur duquel l'Histoire ne serait plus qu'un élément formel.

10. Cf. Joseph HOFFMANN, « Notes sur la technique romanesque de Malraux », *Bulletin des jeunes Romanistes*, n° 2, déc. 1960, p. 11 : « *Ainsi, au départ de l'esthétique de Malraux, de sa technique littéraire, il faut chercher sa vision de l'homme : parce que l'homme ne se définit que par rapport au destin, l'intrigue est devenue secondaire, le personnage ne peut être entièrement autonome, la crise est première par rapport à lui ; et parce que la situation est première le roman se présente sous forme de succession de scènes et de plans.* »

11. Malraux considère la forme comme expression d'une vision du monde non seulement comme critique de l'art et de la littérature, mais aussi en tant qu'écrivain. Clara Malraux rapporte qu'un des problèmes importants qui se posait lors de la gestation des *Conquérants* était « *la création de personnages qui fussent le support d'une idéologie, d'une signification. André me disait : " Il faut que ceci ou cela soit exprimé, qui vais-je amener à cette fin et dans quelle situation ? ".* » (*Voici que vient l'été* [Paris, Grasset, 1973], p. 86).

12. Geoffrey T. HARRIS, *André Malraux : l'éthique comme fonction de l'esthétique* (Paris, Lettres Modernes, 1972).

13. « *Malraux voulait faire un film crépitant de symboles et de métaphores, un film aussi chargé d'images poétiques et allégoriques que* Le Cuirassé Potemkine *ou* Les Rapaces. » (J. LACOUTURE, *op. cit.*, p. 260).

14. Cf. J. LACOUTURE, *op. cit.*, p. 259 : « *Le film qu'il prépare lui a été suggéré, raconte Max Aub, pendant son séjour aux États-Unis, où des amis lui ont donné à espérer qu'un film de lui, sur la guerre, pourrait être présenté dans 1 800 salles, et produire un choc profond sur l'opinion américaine, peut-être l'arracher à sa neutralité...* »

15. G. PICON, *Malraux par lui-même* (Paris, Seuil, 1953), pp. 30, 45.

16. Je pense que F.-J. Albersmeier serait d'accord là-dessus parce qu'il souligne le fait que Malraux faisait diffuser le film en 1939 malgré l'échec des Républicains parce qu'il « entendait convaincre le monde de la valeur de l'engagement politique et moral des Républicains » (p. 47).

17. Quant aux fautes d'impression nous n'en avons trouvé que très peu dans la thèse : p. 26 : « *and* » au lieu de : « *und* » ; p. 43 : « Dezember 1939 » au lieu de : « Dezember 1937 » ; p. 80 : « *17* juin » au lieu de : « 18 juin » ; p. 196 : « *l*uftgeschwader » au lieu de : « Luftgeschwader » ; p. 197 : « *wi* » au lieu de : « wir » ; p. 215 : « *anat*omisierte » au lieu de « atomisierte » ; p. 264, n. 50 : « p. 719 » au lieu de : « p. 219 » ; p. 271 : « Yverd*u*n » au lieu de : « Yverdon ».

LA « RÉSURRECTION » DE MALRAUX

par Françoise DORENLOT

André MALRAUX, *Lazare*. Paris, Gallimard, 1974. 253 p. (*Lazare* figurera dans le second tome du *Miroir des limbes*, dont le premier a été publié sous le titre *Antimémoires*.)

L'avertissement que plaçait Malraux au commencement des *Chênes qu'on abat...* : « [...] *ce livre est une interview comme* La Condition humaine *était un reportage* » s'applique *mutatis mutandis* à *Lazare*, avant-dernier volume publié à ce jour du *Miroir des limbes*. Que *Lazare* (« *une résurrection* », souligne la bande de l'éditeur, de crainte, sans doute, que la valeur symbolique du titre n'échappe !) ait pour sujet la maladie qui en 1972 menaça Malraux de paralysie, voire de mort, cela est vrai. Mais, comme toujours chez cet écrivain, la réflexion née du prétexte existentiel personnel transcende l'événement pour s'attarder aux « *questions que la mort pose à la signification du monde* » (*A*, 17), soit à l'universel.

Il serait difficile, oiseux même, de vouloir privilégier telle ou telle part d'un livre singulièrement complexe. Le lecteur ne sait ce qui le retient ou l'émeut le plus, de la description des symptômes et des sensations éprouvées, ou de l'exploration de la conscience à travers souvenirs, auto-analyse, divagations parfois, conversation avec le médecin traitant. En dépit d'un apparent désordre, faits et sentiments se mêlent intimement et donnent à ce texte une incontestable unité.

Unité qui serait celle du Journal. On se souvient du commencement : « *J'ai été atteint d'une maladie du sommeil [...]* » (p. 9), et au terme opposé, du dénouement : « *[...] j'ai senti la mort s'éloigner ; pénétré, envahi, possédé, comme par une présence étrangère, comme Booz par l'immense bonté qui tombait du firmament chaldéen — par une* ironie *inexplicablement réconciliée, qui fixait au passage la face usée de la mort.* » (p. 253). La division en trois parties suit l'évolution chronologique de la maladie. La première est l'attente de la consultation entre professeurs alors qu'un diagnostic provisoire vient d'être formulé : « *[...] sclérose des nerfs périphériques et menace sur le cervelet, donc menace de paralysie.* » (p. 9), le diagnostic définitif ne pouvant être établi que douze jours plus tard. La seconde partie s'ouvre la veille de la consultation sur une « *nouvelle crise* » : « *[...] j'ai été possédé d'une tension forcenée, j'ai tournoyé de toute ma force, me suis précipité, front en avant, sur la vitre de la bibliothèque, ai heurté l'un des montants de bois, et me suis effondré.* » (p. 89). Le lendemain, confirmation du diagnostic : « *C'est bien la menace sur le cervelet : guérison, paralysie ou mort. Hospitalisation d'urgence.* » (p. 94), et incertitude du pronostic : « *Rien n'est irréversible.* » (p. 99). Commence alors, à la Salpêtrière, une période, dont la durée n'est pas précisée, « *intolérable* » : « *Comment peut-on s'habituer à une attente intolérable ? Pendant douze jours, j'ai attendu la décision des médecins ; depuis que je suis ici, j'attends, en griffonnant des notes illisibles, l'effet du traitement, ou son échec.* » (p. 109). « *Les jours glissent* » dans une atmosphère d'irréalité entretenue par la fièvre : « *Les draps chauds de la fièvre diurne mêlent tout.* » (p. 108). Là-dessus se greffe : « *Une soudaine grippe de Hong-Kong [...] venue fausser les observations.* » (p. 118). Et peu de temps après survient l'épisode crucial, la plongée dans l'inconnu : « *J'ai été conscient de ne plus savoir où j'étais —, d'avoir perdu la terre.* » (p. 144). Puis : « *Perte de conscience, pas de toute conscience. Je me croyais dans une autre partie de la chambre, mais quelque part ; je ne comprenais pas ce qu'était devenu mon lit, mais je tentais de m'y allonger, de m'installer dans ma litière : essayons de dormir, je com-*

118

prendrai demain matin. Je me souviens de mon effort. » (pp. 142-143). Sur cette « *stupéfiante expérience* » (p. 157), et les réflexions qu'elle suscite dans l'immédiat, se clôt la Deuxième Partie. Enchaînant, la Troisième reprend le fil d'une pensée que la fièvre maintient le plus souvent dans un état semi-conscient, parfois inconscient. Quatre-vingts pages (sur les cent qu'elle comporte) se déroulent ainsi sans qu'aucun changement n'intervienne. Jusqu'à une soudaine rupture dans le récit : « *De nouveau, la fièvre monte* [...] *La crise a été moins forte que la précédente.* » (p. 233). Puis reprennent les rêves, parents des « *états extatiques* » (p. 235). Vingt pages plus loin, enfin cette indication : « [...] *ce terrible voyage devient moins fréquent. Les souvenirs précis du premier m'abandonnent.* » (p. 252), et ce constat de vie : « [...] *je regarde la vie avancer.* » [1].

Il est bien évident qu'en publiant *Lazare* Malraux n'a pas cherché à instruire le public de ses drames personnels, pas plus qu'il n'a voulu le mettre au courant des conditions d'existence à la Salpêtrière. Qu'il ait, en écrivant, obéi à un réflexe de défense coutumier, est certain : « [...] *j'attends, en griffonnant des notes illisibles, l'effet du traitement, ou son échec.* » (p. 109). Cette phrase fait nécessairement penser à celle des *Noyers de l'Altenburg* : « *Ici, écrire est le seul moyen de continuer à vivre* », justement rappelée (p. 91). En effet, la situation du malade est comparable à celle du prisonnier : même attente passive d'un verdict de vie ou de mort, même rôle des souvenirs, même appréhension de la folie [2] : « *Ce dont j'étais menacé ressemblait plus à la folie qu'à la maladie* », note Malraux (p. 90). Seulement, la situation est maintenant aggravée ; en 1940 l'écrivain pouvait s'évader, ce qu'il fit. D'autre part, bien qu'il ait auparavant mainte fois rencontré la mort, Malraux avoue n'y avoir jamais vraiment cru. En 1972, d'hypothèse abstraite la mort est devenue présence réelle : « *En Espagne, à Gramat, sur le Rhin, la mort a été plus proche. Elle n'appartenait qu'au destin ; celle-ci m'appartient aussi* » (p. 119), et aucun recours ne lui est opposable. Dans ces nouvelles circonstances, l'objet de la réflexion de Malraux se déplace, et l'insolite de la vie le frappe davantage que le scandale de la mort [3]. À deux reprises, au moins, l'auteur souligne l'orientation nouvelle de son esprit : « *Dans les maladies comme dans les guerres, je n'ai pas même ressenti la stupéfaction devant la vie que je ressens aujourd'hui* [...] » (p. 103) — « *Ne noterai-je, de la Maison des morts, que la vie, et de la démence, que la lucidité ?* » (p. 233).

En livrant l'itinéraire mental parcouru du premier vertige à la guérison, Malraux montre que loin d'avoir choisi son sujet — l'énigme de la vie — c'est celui-ci qui s'est imposé à lui, sous la forme de la fraternité d'abord. Consciemment, durant les premiers jours. Puis, plus inconsciemment à partir de l'hospitalisation. « *Puisque je travaille peut-être à ma dernière œuvre* [...] » (p. 9) — « *Peu de " sujets " résistent à la menace de mort* » (p. 10) — « *La mort qui tourne autour de moi me livre à ceci, qui me parvint, il y a trente ans, de l'autre côté de la vie* » (p. 13) — « *Peut-être investi par la mort, je me réfugie dans le récit d'un des plus énigmatiques sursauts de la vie* » (p. 14) : toutes ces citations sont empruntées au premier chapitre de la Première Partie et se réfèrent, comme on le sait, à l'épisode de Bolgako, repris des *Noyers de l'Altenburg*. Pour ainsi dire recréé par sa parution dans *Le Miroir des limbes* (nous reviendrons sur ce remaniement), cet instant de sacrifice hante constamment l'esprit du narrateur : « *La lutte contre les gaz m'habite ; pas le gibet. Parce que j'ai fixé autrefois les événements de la Vistule, ou parce qu'entre les malheureux qui m'entourent ici, cette lutte démente des hommes, sans combat, semble prémonitoire ?* » (p. 157) — « [...] *je suis habité par les Russes et les Allemands, dans la forêt de la Vistule.* » (p. 230). Devenu en quelque sorte « *frère des soldats de la Vistule* » (p. 156) [4], l'écrivain lui-même relève une triple coïncidence : la « convulsion » de 1972 évoque celle des gazés de 1916, le Vincent Berger à l'écoute des voix de la sape est le Malraux-Berger de Sens-Chartres, et le prisonnier de 1940 est l'hospitalisé de 1972. Si l'on songe, en outre, que depuis *La Voie royale*, Malraux a toujours opposé, et joint, mort et fraternité, il est peu surprenant de le voir finalement vivre cette dualité [5].

Que « *les figures à groins qui portaient, aux ambulances de Bolgako, les Russes gazés* » (p. 231) appellent d'autres visions ou récits de fraternité (dont la plupart nous sont déjà connus par des textes antérieurs) relève d'un processus naturellement explicable. Mais le dévouement n'est pas la seule manifestation du mystère de la vie, ni la seule cause de l'émerveillement de Malraux. « *Mon sentiment le plus constant est la stupéfaction* » (p. 118), constate-t-il. Sentiment né de l'impression d'insolite éprouvé sur la route de Verrières à la Salpêtrière (pp. 95–7), à la Salpêtrière elle-même (pp. 98–101) : « [...] *univers* [...] *étranger comme une planète* [...] » (p. 99). Et, plus intimement, devant les premiers symptômes de la maladie : « [...] *ne pas souffrir me déconcerte* » (p. 101), après la première perte de conscience : « [...] *stupéfaction devant un état ignoré* » (p. 145), « [...] [je] *suis stupéfié par cette angoisse où je ne distingue que la menace inconnue de me retrouver amputé de la terre* » (p. 142). Stupéfaction donc, à tous les niveaux, devant toute forme de vie : « *C'est elle* [la vie], *qui est insolite ; et quand tournent les chevaux de bois des souvenirs, c'est la mienne.* » (p. 133). Le profil de l'absurde, si présent dans les premières œuvres (*Tentation de l'Occident*, « D'une jeunesse européenne », etc.), se dessine ici : « *La mort me chuchote, aujourd'hui comme au retour de la fosse à chars d'assaut, que le secret de notre vie ne serait pas moins poignant, si l'homme était immortel.* » (p. 132). Deux pages après cette phrase reprise aux *Noyers de l'Altenburg*, nous lisons, nouvel emprunt, aux *Chênes qu'on abat...*, cette fois : « *Pourquoi faudrait-il que la vie ait un sens ?* » (p. 134). « *L'irréductible accusation du monde* » de Claude Vannec, si elle exprimait plus de révolte, paradoxalement témoignait de plus d'espoir.

Phénomène curieux, l'art est quasiment absent de ce livre, publié précisément la semaine même où paraissait *L'irréel*. Certes, il y est parfois question d'artistes ou d'œuvres, de la fresque de Nefertari (p. 90), de Daumier (p. 97), du Greco (p. 99), des sculpteurs du Rhin et de Grünewald (p. 159), mais il faut noter qu'il s'agit toujours de remarques indidentes, relatives à des questions autres qu'artistiques ou métaphysiques [6].

Par ailleurs, ces allusions s'insèrent dans les passages où les associations d'idées sont le plus consciemment établies, alors que dans le cortège semi-conscient, quelquefois délirant, des souvenirs, l'art n'apparaît sous aucune forme. Comme pour confirmer cette absence, la conversation de la Troisième Partie (sorte de récapitulation des attitudes possibles devant la mort) laisse voir une singulière réticence :

— Vous avez écrit autrefois que la Mort [...] n'est pas du tout semblable au décès. C'est à partir de là que j'ai commencé à vous lire avec attention [c'est le médecin qui parle]. Vous répondiez par l'art.
— J'ai surtout dit que l'art devenait inintelligible si l'on écartait le problème dont vous parlez...
L'un de mes personnages, dans l'*Altenburg*, écrit quelque chose comme : " Le plus grand mystère n'est pas que nous soyons jetés au hasard [...] ". [suit la phrase bien connue sur le pouvoir de l'homme à nier son néant]   (p. 173)

comme si l'auteur n'osait reprendre à son compte la réflexion de son personnage...
Si à aucun moment la pensée de Malraux ne s'est tournée vers l'art « anti-destin », il n'en est pas de même de la religion. Le titre, à lui seul, le prouve, mais il est trompeur : ce livre n'apporte aucun signe de conversion. Au contraire. L'agnosticisme y est réaffirmé : « *J'ai perdu la foi après ma Confirmation. Et plus tard, mon agnosticisme a moins été accompagné de méditations* [...] » (p. 105). Accentué, après le face à face avec la mort : « *Ne me supposez surtout pas à la recherche d'une âme immortelle* » (p. 185) — « *Moi qui ne crois pas à la Rédemption* [...] » (p. 160). En effet, évoquer à propos de sa propre rencontre avec la mort, celles de Socrate et du Christ, et en les mettant en parallèle, les mettre sur un même plan, est assez clair. Néanmoins, comme dans ses essais sur l'art, l'écrivain, incapable pour sa part de souscrire au mystère, le pénètre fort bien. La phrase citée plus haut : « *Moi qui ne crois pas à la Rédemption* [...] » se termine, en fait, sur : « [...] *le sacrifice seul peut regarder dans les yeux la torture, et le Dieu du Christ ne serait pas Dieu sans*

la crucifixion. » En un sens plus chrétien que les Chrétiens, Malraux dénonce chez ceux-ci leur pathos de la mort. « *Masochisme religieux* » (p. 179) pratiqué pour lui-même, détaché, pour ainsi dire, de l'essence réelle du christianisme : « *Le christianisme a beaucoup tisonné la mort pour y chercher la présence de Dieu — qu'il a souvent oublié, au bénéfice de sa minutieuse évocation de la souffrance.* » (p. 179). D'œuvres inspirées par la Passion, il déclare : « *La Crucifixion est plus profonde que cette éloquence* » (p. 159).

Cependant, de sa découverte d'une « *terre de nulle part* » (p. 143), Malraux ne put rien ramener d'exprimable : « *[...] je reviens de terribles limbes, non du vide. Et de l'informulable, non de décombres* » (p. 146), si ce n'est le sentiment d'angoisse qui l'étreignit alors (forme toute nouvelle d'un état autrement familier), né de « *la menace inconnue de [se] retrouver amputé de la terre* » (p. 142). Approfondissant la nature de ce « *séisme* » (p. 157) et son exacte signification, ce métaphysicien tourmenté est saisi par la seule révélation tangible (car, pour le reste, « *la révélation est que rien ne peut être révélé* », p. 249) : « *Une horreur sacrée nous habite, nous attend comme les mystiques disent que Dieu les attend.* » (pp. 154-5). Or, la découverte de cette « *épouvante indépendante de toute peur* » (p. 154), consubstantielle à notre nature « *au fond de [soi]-même, à [soi] comme le battement de [son] cœur* » apparaît capitale pour l'intelligence de la relation de Malraux avec la foi. La formule est sans équivoque : « *Aucune religion, aucune expérience ne nous a dit que l'épouvante est en nous. En avoir fait l'expérience me sépare imperceptiblement d'elle.* » (p. 155). La rechute dans « *le coma prolongé qui hésite de la vie à la mort...* » (p. 236) le conduit, comme lors de la première crise, à découvrir une certitude : « *J'ai été pénétré par : " Ma propre mort appartient radicalement à l'impensable. "* » (p. 235).

Dans le discours prononcé à la Fondation Maeght (et repris dans *La Tête d'obsidienne,* p. 237), Malraux disait : « *[...] si nul n'a l'expérience de la mort, chacun a connaissance de la mort [...].* » À la Salpêtrière, à la faveur de cette « expérience » une distinction fondamentale s'est fait jour dans son esprit entre l'inconnaissable et l'impensable. L'inconnaissable relève de l'ordre intellectuel, suscite philosophie, art, science : « *Le mot : inconnaissable, suggère sournoisement une connaissance jamais atteinte, mais qui prolongerait la nôtre ; [...].* » (p. 241). À l'inconnaissable est lié ce que nous « connaissons » de la mort, sous la forme du cadavre d'autrui. À l'impensable, la mort ressentie en nous-mêmes : « *Je tâtonne vers l'évidence si profondément enfouie en moi [...]. L'impensable n'est pas ce qui nous est caché. Il n'implique pas notre impuissance, il n'implique RIEN.* » (pp. 242-243). Tandis que l'inconnaissable, lui, suggérant le néant (le cadavre), implique par là « *la dernière forme de la survie* ». Selon l'auteur, l'homme face au cadavre, toute religion écartée, l'immortalité de l'âme rejetée, parvient à se forger une croyance : « *Je serai ceci* » (p. 241). Par opposition, « *loin de nous être donné, l'impensable doit être arraché aux réincarnations, aux survies, à tout ce qui demeure, fût-ce le cadavre* » (pp. 241-2). Or, du cadavre, avatar suprême, ne peut naître que le désespoir ; de rien, par définition, rien ne peut provenir. D'où cette affirmation singulière à première vue, mais logique dans son contexte : « *L'impensable épouvante l'humanité, alors que lui seul la délivrerait.* » (p. 243). Illustrée, l'idée apparaît d'une extrême simplicité : « *L'inconcevable n'a aucun attribut — pas même la menace : l'homme ne devient pas plus scorpion que damné, et pas plus néant que scorpion.* » (p. 251). Dans ces conditions, la soumission à l'évidence éprouvée ne peut se faire que dans le détachement. On se souvient de la conclusion du livre ; l'ironie a le dernier mot.

Si nous insistons sur cette si subtile distinction, c'est qu'en dehors de son intérêt intrinsèque, de son rapport avec la question religieuse, elle éclaire un autre point. Nous avons déjà noté que la fraternité « *que le destin n'efface pas* » (p. 196) est le principal atout de l'homme en lutte contre la mort, et que, consciemment ou non [7], Malraux évoque dans son attente toutes les scènes de fraternité dont sa mémoire est emplie. Ce qui le conduit à en rechercher une définition : « *Comme le sacré, elle nous échappe* [...]. *Aussi obscure que l'amour, étrangère comme lui aux bons sentiments, aux devoirs ; comme lui — et non comme la liberté — sentiment provisoire, état de grâce.* » (p. 197). Le parallélisme avec la religion est frappant ; surtout lorsque, après avoir cité son personnage Barca [8], Malraux écrit : « *De la devise républicaine, ce mot rescapé est le seul qui réponde au christianisme ; mon Espagnol aurait pensé que la Crucifixion aussi, c'est la fraternité.* » (p. 198). Néanmoins, après avoir rencontré « *l'inconnu de l'impensable* » (p. 249), il semble que la perspective change. La fraternité répondrait à l'angoisse qui précède la mort, mais c'est la vie, dans tout son mystère et sa pérennité, qui répond au trépas personnel : « *Rien de commun entre cette évidence* [l'impensable], *et les images de fraternité.* [...] *Quelles épiphanies rejoignent l'épiphanie de l'impensable ? Celles de la vie* [...]. *Celle du premier matin après la fosse à chars* [...]. *Celle des noyers d'Alsace dressés au centre de l'anneau des jeunes pousses et des noix mortes de l'hiver...* » (pp. 249-50). Hors cette volonté de croire, le Lazare du XXᵉ siècle aurait peu en commun avec le Lazare biblique. Le doute, destructeur, doit être rejeté. « *Les sceptiques ne s'en tirent presque jamais...* » (p. 175) confie le docteur qui rejette sur la science l'érosion de toute conviction : « *La science* [...] *a fait bien moins d'athées que de sceptiques, vous savez.* » (p. 167). Et, comme son patient, il s'inquiète des ravages de l'incroyance.

Curieux personnage que ce médecin, réminiscent à la fois de de Gaulle (« *d'un général de Gaulle jovial* », p. 163), et de Méry, auquel l'écrivain attribue ses propres préoccupations. Une fois de plus, il est difficile par moments d'identifier les propos tenus par les deux interlocuteurs. Mais n'est-il pas naturel que l'auteur se montre hanté par ses souvenirs, les imaginés et les réels étant sur le même plan : « *En face de l'inconnu certains de nos rêves n'ont pas moins de signification que nos souvenirs.* » (*A*, 17-8). Sans doute retrouverait-on derrière chaque création romanesque un être réel, ne serait-ce, en dernier ressort, que le créateur lui-même. Peu importe que Méry, Barca, Katow soient évoqués sous leur nom [9]. Walter Berger,

Kyo et Perken comme « *un de mes personnages* » [10] ; Ferral par une allusion [11] ; Dietrich Berger et Alvear par sous-entendus [12]. C'est leur auteur qui s'exprime. Quant aux figures réelles (Josette Clotis, de Gaulle ou Bernard Groethuysen), intégrées dans l'univers malrucien, elles le confirment. Les souvenirs d'ordre purement personnels sont peu nombreux. Si, par exception, Malraux contempteur du « *misérable petit tas de secrets* » évoque ses dix-septième et quarantième anniversaires, « *Roquebrune, le bruit des petits sabots de* [*son*] *fils dans le jardin* [...] » (p. 112) ou déclare : « *J'ai revu à Madrid cette fille que j'aimais en Sibérie* [...] » (p. 136), on est surpris. Sans doute faut-il faire la part de la fièvre et d'un pli nouvellement contracté : « *Pour les* Antimémoires, *j'ai pris depuis quelques années l'habitude d'accueillir, de saisir, les images d'autrefois.* » (p. 113). Pour l'essentiel, cependant, Malraux réitère dans *Lazare* « [...] *biographie aussi fausse que les autres* », les avertissements des premières pages des *Antimémoires* : « *C'est l'illusion narrative, le travail biographique, qui créent la biographie.* » (p. 125) car « *on n'a de biographie que pour les autres* » (p. 126).

Le vieux conflit du subjectif et de l'objectif de *La Condition humaine* resurgit ici, comme la dichotomie être—faire de *L'Espoir*. Faisant allusion à l'expérience de Kyo, l'auteur commente : « *J'avais écrit que tout homme entend sa vie avec la gorge, celle des autres, avec les oreilles, sauf dans la fraternité ou l'amour.* » (p. 238). Parvenu au terme de cette quête qu'est le journal de sa maladie, quelle notion de la personne humaine Malraux découvre-t-il ?

Sur le plan intellectuel, objectif, il n'y a aucune difficulté à cerner l'homme qui se dégage de ce texte. D'autant plus que ses composantes manifestent une évidente permanence : rejet du bonheur (p. 91), du suicide (p. 122), de l'individualisme (pp. 10, 14, 91, 133), sensibilité aux mythes (pp. 12, 156, 190), récusation de l'Histoire (pp. 10-1, 127), conception antithétique de la condition humaine (diffuse dans tout *Lazare*), essentialisme de la nature humaine (pp. 127-8, 231-2). Bref, « *ma vue de l'homme (comment appeler cela autrement ?) a peu changé depuis trente ans* » (pp. 90-1) reconnaît Malraux. Il s'en explique :

Depuis l'*Altenburg* — plus de trente ans — je veux savoir ce que je pense de l'homme fondamental. L'homme pareil à lui-même à travers les civilisations, pareil au passant de Babylone ; pareil au semi-gorille qui, levant les yeux, se sentit pour la première fois le frère du ciel étoilé ; pareil aux noyers de l'Altenburg qui renaissaient des noix mortes, à cent mètres des saints sculptés dans les noyers de jadis. (p. 231)

Opter pour l'instinct contre l'intelligence, le paysan contre l'intellectuel [13], c'est-à-dire « l'homme fondamental », c'est, une fois de plus manifester son inquiétude devant l'aliénation de l'homme du XXe siècle d'avec, sinon Dieu, du moins tout absolu. Les propos tenus au médecin en 1972 sont l'écho de ceux de 1926. « *Le chrétien, à travers saint Paul, participe du Christ ; l'homme quelconque, comme disaient les Italiens, ne participe pas de la relativité, ni du monde, à travers Einstein. [...] la science change la terre, elle ne change pas l'homme. Le Christ, le Bouddha, Mahomet s'adressaient à lui. La science, non.* » (p. 188), et : « *Ce qui commence à disparaître, c'est la* formation *de l'homme. La science peut détruire la planète, elle ne peut pas former un homme [...]. La formation de l'homme passe par le type exemplaire : saint, chevalier, caballero, gentleman, bolchevik et autres.* » (pp. 189-90). Or, l'expérience subie par l'écrivain confirme son intuitive adhésion à l'idée d'homme fondamental. Dans l'appréhension de son propre moi, il ressort en premier lieu qu'il ne saurait y avoir jugement de valeur : « *[...] le frôlement de la mort n'appelle par l'examen ; il le chasse* » (p. 115) note-t-il avant, comme après les crises : « *Non seulement l'examen de ma vie me reste étranger, mais le frôlement de la mort le rend dérisoire [...].* » (p. 231). De toute façon, il semble que Malraux fasse finalement peu de cas du libre-arbitre : « *Les décisions capitales sont des lapins qu'on tire au passage ; mieux vaut savoir tirer.* » (p. 129).

Qu'est donc « *le monstre incomparable et fuyant que chacun choie dans son cœur* » [14] ? Avant la crise, Malraux relève : « *La proximité des agonies submerge le " Que suis-je ? ", le rend oiseux. [...]*

*laisse seule à nu la conscience la plus informe et la plus intense,
la convulsive " Je suis ".* » (p. 134). Si indéfinissable que soit
ce sentiment, il n'en implique pas moins une identité incontestable. Par contre, dans la « *perte de conscience, pas de toute
conscience* » (p. 142), avec le sens de la direction fut abolie la
notion d'identité. Il ne subsistait plus, dit Malraux, que la
conscience de l'effort tenté pour regagner son lit[15] : « *Perdre
son identité suggère tout perdre ; je ne me dissolvais nullement,
parce que ma conscience s'était réfugiée dans mon effort.* » (p. 143).
Quelles limites infranchissables séparent cette « *conscience de la
vie* » (p. 237) humaine de celle de l'amibe ? « *Limaille collée
à l'aimant de la terre* [...] » (p. 156) remarque Malraux. Triste
certitude pour l'orgueil de découvrir en soi cette réalité ultime
d' « *un je suis bien au-delà du je pense* » (p. 239). Néanmoins,
l'évidence reconnue, on s'aperçoit que, d'une part, elle confirme
la distinction (ci-dessus indiquée) entre l'inconnaissable et
l'impensable, et que, d'autre part, elle corrobore la notion
d'homme fondamental « *aveugle instinct de vie* » (p. 13) ou
« *conscience véhémente d'exister, seulement d'exister* » (p. 144).
Sur le plan du vécu, la découverte ne fut pas intolérable car elle
fut accompagnée du sentiment bouddhique de la « *Paix de
l'Abîme* » (pp. 108, 238).

Pourrait-on conclure à une conversion de Malraux à la
pensée orientale ? Ce livre ne nous y autorise pas plus que les
Antimémoires, mais comme les *Antimémoires*, il montre un
indéniable penchant pour une forme de méditation non-chré-
tienne (bouddhiste, zen, hindouiste). Il est, par exemple, sin-
gulier que la Deuxième Partie se termine sur une parabole
racontée par Raja Rao, et que la Troisième rappelle en son
dernier paragraphe les textes zen sur l'agonie...

Livre étonnant que *Lazare*, et dont il est vraiment malaisé
de rendre compte, tant les questions soulevées sont variées
et complexes[16]. Cela n'aura été qu'une tentative d'interprétation.

NOTES

1. Notons que spectateur « *stupéfait* » (l'épithète revient à plusieurs reprises) de ce qui lui advient, Malraux fait preuve d'une grande retenue et de beaucoup de détachement dans la relation de ses malaises. L'ironie, clairement manifestée dans les dernières lignes, transparaît, en fait, tout au cours de son récit.

2. On songe à Kassner subissant les assauts de la folie, comme s'il n'y avait d'autre issue à toute situation d'emprisonnement.

3. L'insolite de la vie apparaît dans *Le Temps du mépris* et *Les Noyers de l'Altenburg*, le danger écarté, dans les expériences de « retour à la vie ». Ici, il est éprouvé dans le danger même.

4. On pourrait encore citer les pages 196 (« *les scènes de la Vistule m'obsédaient* »), 232, 240, 248.

5. Tout le premier chapitre est construit sur cette dichotomie aux variantes multiples (neuf) : trois p. 10, une p. 11, trois pp. 13-14 et deux p. 14.

6. Pour la fresque de Nefertari, à l'épisode de Bolgako ; pour Daumier, au vieux Paris ; pour le Greco, aux blessés de l'hôpital de Madrid ; pour les sculpteurs du Rhin et Grünewald, à la Crucifixion.

7. « [...] *les drogues, même dans la somnolence, m'aident à diriger mes souvenirs.* » (p. 196). Comme Malraux se propose d'étudier un jour les mécanismes de la mémoire, il serait passionnant d'analyser dans ce texte le mécanisme des associations d'idées. *Lazare*, tout entier, est construit sur un réseau d'analogies, point toutes involontaires : « *Dans les instants de répit, du présent-passé court-circuit le présent-présent qu'on* VEUT ABOLIR. » Voir « Malraux répond aux féministes », entrevue avec Fanny DESCHAMPS, *Le Point* (17 mars 1975), pp. 146-54.

8. Avec une légère variante : « *Le contraire de l'humiliation* ET DE LA MORT *n'est pas la* LIBERTÉ, *on raconte ça ! c'est la fraternité.* » (p. 198).

9. Méry : pp. 115-7, 120, 127 et dans la conversation de la Troisième Partie ; Barca : p. 198 ; Katow : p. 202.

10. W. Berger : p. 173 ; Kyo : p. 237 ; Perken : p. 119-20.

11. P. 129 : « *" Connaître les hommes pour agir sur eux " fait partie des balivernes.* »

12. La phrase prononcée par D. Berger : « *Si je devais avoir une autre vie* [...] », rappelée page 115 est, en fait, celle du père de l'auteur. On soupçonne par ailleurs que la « curiosité » d'Alvear à l'égard de la mort fut aussi la sienne.

13. Selon la distinction des *Noyers de l'Altenburg* entre l'intellectuel « *dont une idée, si élémentaire soit-elle, engage et ordonne la vie* » et ceux qui « *vivent au jour le jour depuis des millénaires* » (pp. 27-8).

14. L'auteur ne craignant pas de se citer à deux reprises : à son arrivée à la Salpêtrière (p. 117) et convalescent (p. 237).

15. Une seule fois Lazare est mentionné dans le texte, et c'est à cette occasion : « *Conçoit-on Lazare se souvenant d'efforts pour s'accommoder de son tombeau ?* » (p. 143).

16. Contradictoires, à la limite. Si l'on prolonge la lecture de ce livre par celle de l'entrevue avec F. Deschamps (déjà mentionnée), on note un certain écartèlement entre la certitude lucide de « RIEN » et le désir de survie, ne fût-il qu'une vue de l'esprit : « *Mais pourquoi parlons-nous de la mort, puisque je l'ai vue, une fois encore, s'éloigner de moi ? En parler est si vain, sauf à rêver agréablement de métempsycose...* »

BIBLIOGRAPHIE

LA RÉCEPTION CRITIQUE
DE L'ŒUVRE ROMANESQUE DE MALRAUX

par Joseph JURT

ÉTANT en dehors des écoles et des chapelles, l'œuvre romanesque de Malraux se laisse mal situer dans les catégories
habituelles de l'historiographie littéraire. Elle devait intriguer
une critique dont l'arsenal traditionnel était peu apte à élucider
cette œuvre. Ce n'est donc pas un hasard si les romans de Malraux ont suscité une vaste production critique qui est loin
d'être homogène. Il a été tentant d'analyser les réactions pro-
voquées par l'œuvre d'un auteur dont on avait dit dès 1948 :
« *Personne, et même pas Sartre, n'aura exercé une aussi durable
fascination sur la jeunesse de ce temps. Pas même Breton.* » [1].
Le professeur C.-J. Greshoff de l'université Cape Town,
s'était attaché dans les années Cinquante à une telle analyse ;
il a été encouragé dans sa tâche par l'écrivain lui-même : « *Le
travail que vous êtes en train de faire sur mes livres est instructif.
On a rarement l'occasion de lire la critique " courante " consacrée,
jadis ou naguère, à un livre.* » [2].

Ce sont deux intérêts qui peuvent justifier une analyse d'un
corpus critique. Dans une étude fondée sur un *intérêt herméneutique* on s'interrogera, à partir d'un point de vue critique actuel,
sur ce que les différentes lectures apportent pour comprendre,
pour expliquer, pour enrichir une œuvre. On retiendra en
premier lieu les interprétations qui informent davantage sur

133

l'œuvre que sur les présupposés du critique. C'est par ce principe herméneutique que Pol Gaillard [3] se laissait guider lorsqu'il réunissait son volume *Les Critiques de notre temps et Malraux*. Il veut que sa sélection « *soit le plus éclairant possible, choisissant volontairement les passages les plus précis, les plus forts, ceux qui s'efforçaient vraiment d'expliquer la réaction à l'œuvre par l'œuvre même* » (p. 8 [3]). Et l'auteur pense qu'une critique d'admiration, de communion peut le plus contribuer à éclairer une œuvre : « *Il est difficile d'être lucide dans le dédain. La critique exige non seulement le respect des textes, mais la ferveur.* » C'est une hypothèse comme une autre qu'il resterait à vérifier. Toujours est-il qu'une analyse qui s'interroge sur la valeur herméneutique des lectures aura toujours un certain caractère normatif ; car elle est amenée à prononcer un jugement de valeur sur les différentes lectures et répond implicitement à la question : « Comment *devrait-on* lire une œuvre ? »

Une autre approche lors de l'analyse de la réception critique est cependant concevable, une approche fondée sur un *intérêt sociologique* plutôt qu'herméneutique. Celle-ci s'efforcera de répondre à la question : « *Qui* a lu une œuvre ? » « *Comment* a-t-on lu ? » « *Pourquoi* tel ou tel lecteur a été sensible à tel ou tel aspect de l'œuvre ? » Ce type d'analyse (qui recense toutes les lectures et non seulement celles qui paraissent herméneutiquement valables) aura un caractère plus descriptif et explicatif que normatif.

Lucien Goldmann a été un des premiers à proposer une étude sociologique de la réception. Bien qu'il se soit intéressé en premier lieu à une sociologie de la *création* littéraire, l'auteur du *Dieu caché* a été très favorable à l'analyse consacrée par son élève Michel Bernard à « *l'œuvre romanesque de Malraux vue à travers la presse de l'entre-deux-guerres* » [4]. Goldmann estimait que cette étude — qui se présentait comme « *un jalon d'une sociologie de l'accueil et de la réception* » (p. 397 [4]) — projetait par ses premiers résultats un faisceau de lumière sur « *un chemin encore long et inexploré* ». Dans son étude, Michel Bernard propose une analyse de la réception de l'œuvre malrucienne dans la presse quotidienne, hebdomadaire et mensuelle. Le résultat le plus remarquable qui se dégage de ce travail, c'est la constatation d'une relation significative entre l'orientation idéologique et les lectures proposées. L'auteur aboutit ainsi à une classification en sept courants d'opinion différents (extrême-droite, droite bourgeoise, « centre littéraire », « centre-gauche humaniste », « Humanisme chrétien », gauche modérée, extrême-gauche). M. Bernard a classé les différentes réactions en se référant à la tendance idéologique des journaux, estimant que les critiques qui y écrivaient s'identifiaient plus ou moins avec le système de valeurs du périodique (« *N'écrivait pas qui voulait dans* L'Action française *ou dans* L'Humanité » [5]). Il a cependant classé certains articles d'après la personnalité de leur auteur, notamment pour les critiques parues dans *Les Nouvelles littéraires* et la *N.R.F.* Cette méthode, qui recourt tantôt à l'idéologie du journal tantôt à celle du critique, nous semble manquer de rigueur, surtout quand il s'agit de déterminer l'influence de celui-là sur celui-ci. Cette variation méthodologique se comprend facilement : elle permet à Bernard, grâce au recours tantôt au journal, tantôt à l'auteur, de faire entrer plus facilement les textes critiques analysés dans le cadre de ses catégories, ce qui ne va pas sans un certain schématisme ; on a, d'une part, tendance à surestimer les éléments qui s'accordent à l'idéologie du courant donné ; on est, d'autre part, tenté d'évacuer les éléments hétérogènes. Tout en admettant une connexion entre option idéologique et jugement littéraire, on ne saurait concevoir une détermination de type mécaniste. Pour cette raison, les jugements des différentes critiques à l'intérieur d'un même courant sont loin d'être cohérents. Dans la préface à son volume *Les Critiques de notre temps et Malraux* Pol Gaillard n'a pas manqué de trouver la classification de M. Bernard « *un peu factice* », car « *l'intelligence et le goût particulier de chaque chroniqueur nuancent beaucoup, heureusement, les options idéologiques* » (p. 12 [3]). Cette critique ne devrait pourtant pas nous amener à expliquer les différentes lectures d'une œuvre par le seul « goût particulier » de chaque interprète et à renoncer à classifier des facteurs qui influent lors de la lecture ; on s'interdirait de cette façon d'élucider la dimension sociale du processus de la réception. Lucien Goldmann avait également reconnu le schématisme d'une classification qui ne s'en tenait qu'aux options idéologiques ; mais il ne plaidait pas pour autant pour un retour à un atomisme total. D'accord, lui aussi, pour grouper dans un premier temps « *certains journaux de même orientation et [pour] demander ce qu'il y a de commun dans les lectures qu'ils proposent* » [6] il ne manque pourtant pas d'avouer que « *le résultat sera probablement très insuffisant, car les structures mentales d'un groupe social n'ont pas le type de classes rigoureuses que nous trouvons en physique ou en chimie* ». Pour cette raison, il conseille de « *faire d'abord le relevé des textes qui présentent des parentés structurales et [d']établir par la suite leur dispersion dans diverses orientations idéologiques et même dans divers groupes sociaux* ». Cette méthode qui fait se recouper la perspective phénoménologique et la perspective sociologique nous semble être assez féconde pour une analyse sérieuse de la réception.

Outre sa classification quelque peu rigide, on reprochera à l'étude de M. Bernard d'être fondée sur une base d'information assez étroite. L'auteur n'a en effet retenu qu'une soixantaine d'articles pour étudier la réception de l'œuvre malrucienne dans la presse de l'entre-deux-guerres ; ces textes lui « *semblent déjà refléter, qualitativement et quantitativement, les divers courants d'opinion de la presse de l'époque* » (p. 395 [4]), mais l'auteur ne nous dit pas sur quels critères il se fonde quand il choisit ces 60 articles parmi les 300 qu'il a recensés (nous sommes à peu près sûr que les romans de Malraux ont suscité un nombre beaucoup plus élevé de réactions). M. Bernard ne nous livre donc pas d'arguments objectifs qui nous permettraient de vérifier la représentativité de son échantillon. Mais il reconnaît lui-même qu'il ne s'agissait que « *d'une première approche du sujet* » et qu'une étude exhaustive le conduirait « *pour le moins, à nuancer certains jugements* ». Pour Goldmann aussi le principe de l'exhaustivité de l'information semble être une condi-

136

tion préalable à une analyse de la réception de type sociolo-gique. Pour être utilisable, remarque-t-il, une telle analyse devrait non seulement être exhaustive, mais porter sur « *la réception des œuvres d'au moins une dizaine d'écrivains parmi les plus importants de l'époque* » (p. 394 [4]).

À l'idéal de l'exhaustivité de l'information correspond beau-coup plus la thèse de Renate Schult consacrée à la réception de l'œuvre romanesque de Malraux par la critique littéraire (1928–1948) (p. 168 [7]) ; elle a analysé plus de 390 articles de presse et a examiné en outre des journaux intimes et des études littéraires se rapportant à l'auteur de *La Condition humaine*. De prime abord, R. Schult reproche à l'étude de M. Bernard d'avoir retenu un seul critère lors de l'analyse de la critique malrucienne : la perception ou non-perception de la « réalité vivante de la communion du groupe des révolutionnaires qui forment le personnage collectif central » des romans de Malraux (p. 26 [7]). Un tel point de départ trop circonscrit lui semble relever du parti pris, de la partialité et être peu conforme à la complexité de l'œuvre romanesque de Mal-raux. Pour cette raison elle ne saurait reprendre la classifi-cation proposée ; elle procède par ordre chronologique, examin-ant la réception critique, roman après roman ; présentant l'inventaire des réactions critiques au début de son étude, l'auteur ne manque pas pour autant de classer ces réactions ; elle retient comme principe de classification la périodicité (quotidiens, hebdomadaires, mensuels) ; mais à l'intérieur de ces classes, elle introduit des spécifications d'un autre type : presse ecclésiastique et presse satirique pour les quotidiens ; cette dernière distinction est adoptée pour montrer quelle résonance massive Malraux a rencontrée du côté de la presse d'opinion. Or cette différenciation nous semble être plus ou moins factice ; car la presse dite d'information, sans être liée à un parti, a été elle aussi politique. On n'a qu'à relire ses réac-tions face à la guerre civile d'Espagne, à la conférence de Munich ou au Front populaire. Les prises de position de la presse d'information ont été très nettes, excepté peut-être celles de

Paris-Soir qui offrait ses rubriques aux porte-parole des deux camps. R. Schult place par ailleurs parmi la presse d'information des périodiques dont le caractère politique était, non seulement implicite, mais notoire, ainsi *L'Œuvre*, organe de la gauche radicale, ou l'*Ami du peuple*, journal d'une extrême-droite à tendance fascisante. L'auteur essaie en plus de spécifier le caractère de chaque périodique par des indications (sommaires) qui sont loin d'être cohérentes, se rapportant tantôt aux collaborateurs, ou à la clientèle, tantôt à l'heure de parution (journal du soir), ou bien à l'origine des subventions et parfois à la tendance politique (analysant cette dernière, l'auteur commet par ailleurs pas mal d'erreurs) [8]. Ne tenons pourtant pas rigueur à Mlle Schult de sa classification peu cohérente ; car celle-ci ne détermine pas son étude ; elle sert uniquement à ordonner l'inventaire des réactions critiques. Le but que l'auteur assigne à son analyse est clairement défini dans l'avant-propos : elle entend d'abord montrer la richesse et la variété des jugements littéraires provoqués par l'œuvre de Malraux et ensuite dégager les éléments qui ont fortement imprégné les interprétations : d'une part, les considérations politiques des critiques et, d'autre part, les légendes créées autour de l'écrivain ; l'analyse des réactions doit enfin faire voir une certaine évolution de la critique entre 1928 et 1948. Si le premier point « démontre » une évidence (le message ambigu suscite *nécessairement* une multitude de réactions variées), le deuxième rejoint l'hypothèse de M. Bernard. L'originalité de l'étude réside en ce qu'elle réussit à retracer une évolution de la critique qui va de pair avec l'évolution historique. Nous ne saurions pas résumer, dans le cadre restreint d'un article de revue, tous les résultats de l'analyse de R. Schult. Il ne nous reste qu'à montrer, choisissant quelques exemples, *comment* l'auteur procède.

Dans un premier chapitre R. Schult examine la réaction suscitée par le procès de Pnom-Penh. Relatant les circonstances du procès, elle affirme que « Malraux n'a pas été jeté en prison ; il a été très actif à Saïgon et attaquait dans un journal fondé par lui l'administration coloniale française » (p. 34 [7]). L'auteur omet de dire qu'il y a eu un deuxième procès en octobre 1924 à Saïgon qui changea la première condamnation en une peine d'un an avec sursis et que Malraux, en novembre, rentra en France pour revenir une seconde fois à Saïgon en février 1925 et que c'est alors, et non pas à la suite du procès, qu'il fonda *L'Indochine*. Si nous insistons sur ces faits, c'est qu'il importe de distinguer, comme W. Langlois l'a bien démontré, entre les *deux* aventures indochinoises de Malraux : « *La première fut le procès qu'on lui intenta pour avoir dérobé des sculptures dans un temple en ruine de la jungle cambodgienne ; la seconde fut sa participation au mouvement nationaliste annamite et son rôle de directeur d'un journal politique soutenant le programme de ce mouvement.* » (p. IX [9]).

Quant à la résonance que le procès de Pnom-Penh a trouvée dans la presse française, l'auteur se contente de citer (sans les analyser) les témoignages compréhensifs d'Arland et de Breton et de R. L. Doyon ainsi que la relation de l'*Éclair*, parce que celle-ci était, aux dires de Doyon « exacte, discrète et dépourvu d'acrimonie ». Or il aurait convenu d'analyser également les réactions, beaucoup moins discrètes, de *Comœdia*, de *L'Intransigeant*, du *Rappel*, du *Matin*, du *Journal* qui contribuèrent à créer une première légende malrucienne en propageant « *des rumeurs contradictoires et inventées de toutes pièces* » (p. IX [9]) : « *On a raconté que Malraux aurait été un voleur d'objets d'art, un organisateur communiste, un pilleur de sanctuaires sans scrupule.* » Il importerait de saisir les sources de ces légendes qui ont eu la vie longue ; car même « *les historiens de la littérature ont eu beaucoup de difficultés à séparer la réalité de la fiction* » (p. X [9]).

En examinant la réception des *Conquérants* en 1928, l'auteur constate que le roman a rencontré un vif écho. La presse d'opinion, la presse confessionnelle, les revues littéraires les plus importantes ainsi que les critiques les plus en vue ont tous réagi ; seuls des grands journaux et revues conservateurs se sont tus. L'auteur distingue parmi ces articles critiques un premier groupe qui retient les problèmes de forme en insistant, par exemple, sur la technique descriptive de Malraux ou en demandant si cette œuvre correspond aux normes du genre. L'impression du vécu et la dimension historique ont fait hésiter les critiques qui considéraient le roman comme une invention imaginaire ; partant de cette conception, ils taxèrent *Les Conquérants* de « reportage » ou d' « *étude d'histoire politique romancée* » (P. SOUDAY) plutôt que de roman. Un autre groupe d'interprètes situait le roman de Malraux parmi la littérature exotique. La grande majorité des jugements se distinguent, selon l'auteur, par leur partialité ; les journaux de gauche et de droite se servaient du roman afin d'affirmer leurs intérêts partisans. La revue communiste *Monde* ne retient que la confrontation de Borodine avec Tcheng-Dai (sans parler du héros principal Garine) et érige ainsi les affirmations d'*un* personnage (contre la non-violence), qui coïncident avec l'idéologie de la revue, en thèse principale du livre. Le critique de *L'Humanité* (G. ALTMANN) à son tour juge la dimension individuelle et psychologique des héros incompatible avec une image objective de la Révolution. À droite, par contre, on se moque des faiblesses de Garine qu'on interprète comme un aveu de l'échec de la Révolution. Une génération de jeunes critiques retrouve cependant dans *Les Conquérants* ses propres problèmes, ses préoccupations, et ceux-ci n'hésitent pas à voir en Garine le « *portrait définitif du nouvel enfant du siècle* ». Ces jeunes interprètes perçoivent, au-delà de l'intrigue du livre, au-delà de la dimension politique, les *problèmes éthiques* que le roman soulève : la révolte n'étant pas purement destructive, mais impliquant la recherche d' « *un principe de cohésion* » (DANIEL-ROPS) qu'une « *idéologie optimiste* » ne saurait donner une fois pour toutes (G. MARCEL). *Les Conquérants* ont, certes, suscité l'intérêt des critiques, estime R. Schult, « mais la plupart d'entre eux, ont interprété le roman de la manière la plus superficielle ou la plus arbitraire. Leurs jugements ont été dominés par des arguments politiques, des préférences personnelles ou le goût de l'époque plutôt que par une recherche de l'intention de l'écrivain » (p. 55 [7]). R. Schult semble ainsi ériger la lecture de l'écrivain en un critère absolu par rapport auquel les lectures divergentes sont considérées comme plus ou moins aberrantes. Nous ne pensons pas qu'on puisse hypostasier de cette sorte l'interprétation de l'écrivain. Sinon il n'aurait qu'à offrir avec son roman sa clef ; il détruirait ainsi le caractère polysémique du roman et rendrait vain tout effort herméneutique ! Malraux partage, par ailleurs, tout à fait cette façon de concevoir les rapports entre l'écrivain et les interprètes. Il « *se refuse, comme auteur, à prendre position publique sur les jugements divers que peut inspirer son œuvre* [...] *il estime depuis des années que, une fois lancée à la mer*, l'œuvre d'un écrivain appartient à ceux qui l'étudient ; *l'auteur n'a plus qu'à s'effacer* » [3].

Ce qu'on pourrait reprocher en plus à R. Schult, c'est le caractère trop descriptif et pas assez analytique de son étude ; souvent elle se contente de juxtaposer les différents jugements de valeur émis à propos des romans de Malraux. On aimerait qu'elle s'interroge davantage sur les *critères* qui informent ces prises de position ainsi que sur les raisons qui les expliquent. On souhaiterait qu'elle éclaire un peu plus le contexte idéologique, à partir duquel un Trotski ou un Groethuysen interprètent *Les Conquérants*.

Quant à la célèbre critique de Trotski nous nous permettons de renvoyer dans ce contexte à une excellente étude d'Ulrich Mölk (« Trockijs Aufsatz über die *Conquérants* und Malraux' Antwort » [10]). L'auteur compare le compte rendu de Trotski à ses autres études littéraires (qui portaient entre autres sur une pièce de Martinet, sur Céline et Poincaré, sur Ibsen, Gogol et Wedekind) et il pense que l'article consacré aux *Conquérants* est une de ses plus faibles interprétations. De prime abord, Trotski introduit une distinction chère à l'esthétique marxiste, et qu'on retrouvera dans ses autres critiques, la distinction du génie (qui produit une œuvre objective) et de l'intellect (qui exprime l'idéologie personnelle de l'auteur) ; il affirmera ainsi que le roman de Malraux offre une source d'enseignements politiques de la plus haute valeur qui « *découlent du récit même à l'insu de l'auteur, et témoignent contre lui, ce qui fait honneur à l'observateur et à l'artiste, mais non au révolutionnaire* ». Mais au cours de son étude, Trotski abandonne complètement cette distinction, dont la valeur herméneutique est indubitable, pour traiter le livre de Malraux non plus comme un roman, mais comme une « *chronique romancée* » ou simplement comme une « *chronique* » [11] ; il critiquera ainsi la figure *romanesque* de Borodine parce qu'elle ne correspond pas au personnage *historique*. Ayant objecté à bon droit que son livre n'est pas une « *chronique romancée* » et que c'est « *l'optique du roman [qui] domine le roman* » Malraux discutera également des événements réels de la Révolution chinoise et non pas de ceux narrés dans son roman [12] et, chose curieuse, note U. Mölk, Malraux va jusqu'à repousser l'hypothèse initiale de Trotski (celle du dépassement de l'idéologie de l'auteur par sa création littéraire) qui était du point de vue esthétique tout à fait valable. Ce que Mölk démontre surtout dans son étude, c'est que la critique de Trotski n'a pas été sans conséquence pour l'écrivain Malraux. Il renvoie au fait que Borodine ne sera plus, dans *La Condition humaine*, le révolutionnaire professionnel des *Conquérants* mais le bureaucrate stalinien tel que Trotski l'avait dépeint dans sa critique [13]. Mölk pense que cette modification de la figure est due à l'intervention de Trotski et il voit son hypothèse confirmée par le fait que Malraux a changé dans l'édition définitive des *Conquérants* de 1949 deux passages que Trotski avait incriminés en 1931. Trotski avait critiqué ce passage-ci : « *Telles sont ces sociétés que nous contrôlons (plus ou moins d'ailleurs, ne vous y trompez pas)* » pour son élitisme, la bureaucratie entendant *contrôler* la révolution (« *mais une révolution ne peut se commander* »). Dans la version de 1949 Malraux éliminera la phrase critiquée (voir Pléiade, p. 14). Trotski avait blâmé en plus la méconnaissance de la doctrine révolutionnaire par Garine que celui-ci caractérisait de « *fatras doctrinal* ». En 1949 Malraux écrira : « *Le* vocabulaire *doctrinal et surtout le dogmatisme [des bolcheviks] l'exaspéraient* » (Pléiade,

p. 47). Si nous avons longuement résumé l'étude de Mölk, c'est qu'elle nous paraît avoir sa place dans ces réflexions consacrées à la réception ; car elle représente un des hauts moments du dialogue entre écrivain et critique [14].

Des analyses que R. Schult consacre à la réception critique des autres romans de Malraux se dégage une classification (implicite) de trois types de lecture.

1. L'auteur mentionne d'abord une critique qui examine surtout le style, la composition, les aspects formels des œuvres ; elle semble être prête à accorder une certaine « objectivité » (pp. 76, 108) à cette critique stylistique. Ayant une préférence secrète pour ce type d'interprétation, elle met à plusieurs reprises en valeur l'article de C.-E. Magny, « Malraux le fascinateur » (*Esprit*, oct. 1948) qui lui paraît être le modèle d'une telle interprétation ; celle-ci part d'une analyse exhaustive des éléments formels pour en déduire ensuite la vision du monde de l'œuvre. R. Schult ne méconnaît pourtant pas le fait que peu d'échos suscités par l'œuvre de Malraux peuvent être classés dans la catégorie d'une critique stylistique pure.

2. Une grande partie des articles lui semblent proposer des lectures idéologiques, c'est-à-dire des interprétations déformantes, déterminées par un point de vue politique concret. Parmi ces interprétations, elle distingue la critique de droite, de gauche et la critique chrétienne. Or, ces catégories nous semblent être beaucoup plus floues que celles de M. Bernard ; en parlant de la droite il conviendrait de différencier entre l'extrême-droite et la droite, conservatrice ; les représentants de cette dernière, partisans du *statu quo*, se trouvaient très peu d'affinités avec les héros malruciens qui entendaient transformer le monde, qui veulent « *laisser une cicatrice sur cette carte* » [15]. L'extrême-droite (fascisante), favorable à la Révolution nationale, pouvait en revanche davantage sympathiser avec l'univers de Malraux ; elle n'a pas manqué d'interpréter les aventures des protagonistes malruciens en tant qu' « action pour l'action » [16].

Les critiques dits chrétiens sont, eux aussi, loin de former un groupe homogène [17]. Il ne faut pas confondre les chrétiens conservateurs, qui avancent le plus souvent des arguments moralisateurs, avec ceux que M. Bernard désigne du terme d' « humanistes chrétiens » ; les derniers décèlent dans les romans de Malraux d'authentiques valeurs humaines. G. Marcel interprète ainsi *La Condition humaine* comme une interrogation anxieuse « sur ce que peut l'homme, l'homme seul, sans secours, livré à lui-même au sein d'un univers qui l'écrase » (p. 80 [7]). Le « désespoir lucide » de Malraux relève à ses yeux de l'honnêteté intellectuelle et lui semble être « plus digne de respect que l'idéologie mensongère qui prévaut ». Un tel jugement ne saurait être partagé par l'abbé Bethléem, représentant des chrétiens conservateurs ; cette même œuvre — *La Condition humaine* — est qualifiée par lui, dans les colonnes de *La Croix*, comme un « *roman communiste et fangeux* [...] *qui étale une boue infecte, une boue d'Orient à laquelle les boues de nos climats viennent apporter leurs relents affreux* » (p. 10 [3]). Il reste à savoir si l'abbé Bethléem juge en effet à partir de critères chrétiens, ou s'il ne se prononce pas plutôt en simple partisan de l'ordre établi qui se sert d'arguments pseudo-religieux (« la santé morale ») pour se défendre contre une œuvre qui pose des problèmes (politiques, éthiques, métaphysiques) sans pour autant proposer de solutions toutes faites.

Quant à la critique de gauche, R. Schult me paraît conclure trop vite de l'orientation idéologique du journal à l'interprétation partiale, voire aberrante, du critique qui s'y exprime. Si le critique de *L'Humanité*, G. Friedmann, juge favorablement *L'Espoir* (estimant que les protagonistes y dépassent le particulier pour atteindre l'humain), c'est selon R. Schult uniquement pour des raisons politiques (la thèse communiste du primat de la discipline sur la spontanéité anarchiste étant présentée dans le roman sous un jour favorable). Or la réaction de Friedmann me semble être beaucoup plus nuancée et on s'imagine mal qu'elle obéisse uniquement à une directive du parti. P. Gaillard parlera à juste titre du compte rendu de Friedmann comme d' « *un article de ton extrêmement juste (le meilleur sans doute de toute la presse française avec celui de René Lalou de* Nouvelles littéraires*)* » (p. 12 [3]).

Aux yeux de R. Schult la critique de gauche, la critique conservatrice et la critique « chrétienne » s'accordent pour récuser le contenu des romans de Malraux ; les uns et les autres partent d'un système de valeurs fixe, d'une orthodoxie — la foi pour les chrétiens, une vision politique animée par la croyance au progrès pour les communistes. L'évocation de la condition humaine par Malraux ne coïncidait avec aucune de ces orthodoxies, d'où cette double opposition de droite et de gauche. On ajoutera simplement que la critique de gauche n'a porté que sur certains points particuliers de l'œuvre malrucienne ; malgré de nombreuses objections elle n'y a jamais été systématiquement hostile (tout en exprimant ses réserves I. Ehrenbourg n'a pas manqué de compter *La Condition humaine* « parmi les meilleures réalisations de la littérature révolutionnaire », p. 76 [7]). L'opposition de la droite conservatrice, en revanche, a été le plus souvent sans nuances ; les critiques de la droite classique ont rarement daigné prendre la littérature de Malraux au sérieux.

3. À ces lectures idéologiques R. Schult oppose les réactions de la jeunesse qui se méfiait des systèmes de valeurs fermées. Aux critiques de cette « *génération de l'inquiétude* » Malraux apparaît, par sa recherche d'une voie qui dépasse les orthodoxies établies, comme un « *guide pressant* » (I. E. CHARLES) ; ce que ces critiques admiraient en Malraux a été peut-être exprimé le plus clairement par Drieu La Rochelle à propos de *La Voie royale* : « Malraux, homme nouveau, pose l'homme nouveau » notamment par sa synthèse « entre cette action extérieure qu'on appelle tout court l'action et cette action intérieure qu'on appelle la pensée » (p. 76 [7]). Cet enthousiasme pour l'œuvre de Malraux est partagé par des jeunes critiques venus de tous les horizons politiques. Des hommes de l'extrême-droite tels que T. Maulnier et J.-P. Maxence sont autant sensibles au caractère existentiel des romans de Malraux que J. Guéhenno ou E. Berl qui se situent résolument à gauche.

Le jugement de E. Berl sur *La Condition humaine*, pour qui
« aucun livre n'est plus proche de nous-mêmes et de notre sort »
(p. 84 [7]), rejoint ainsi celui de J.-P. Maxence appelant ce livre
« le roman le plus complet et le plus fort qu'on ait vu paraître
depuis dix ans » (p. 85 [7]). Les dissensions idéologiques de ces
jeunes critiques — nés le plus souvent dans la première décennie
du siècle et dont la formation intellectuelle s'était faite dans
les années d'après-guerre — les éloignaient beaucoup moins
les uns des autres que ne les rapprochait la solidarité de génération. Cette façon identique de réagir face à une œuvre littéraire se retrouve par ailleurs dans la tentative de renouvellement de la pensée politique de cette génération, magistralement
analysée par J.-L. Loubet del Bayle :

L'originalité de ces groupes, qui se qualifièrent assez rapidement
de « mouvements non conformistes », fut de tirer immédiatement
les conséquences des transformations profondes du monde qu'ils
constataient ou pressentaient. Cette préoccupation majeure devait
se retrouver dans toutes ces publications qui, décidées à se situer
en dehors des courants idéologiques constitués, réunirent des hommes
venus des horizons les plus variés. [18]

Ces jeunes critiques s'accordent donc en interprétant l'œuvre
de Malraux non pas tant comme une solution concrète à des
problèmes politiques, mais plutôt comme une image authentique de la « condition humaine ». Leur mode d'approche de la
littérature diffère fondamentalement de celui de leurs aînés.
Loin de prendre du recul par rapport à l'œuvre (en la jugeant
en fonction d'un code esthétique et idéologique extérieur à
elle), ils cherchent plutôt à s'identifier avec elle — « critique de
communion », dit à juste titre R. Schult d'après C. Mauriac
(p. 164 [7]). Cette critique, sensible à la portée éthique des œuvres
en tant qu' « expression de l'homme », n'a guère été dominante
dans la réception des romans de Malraux dans les années
Trente. La plupart des recensions de cette époque relèvent,
selon Schult, de la critique traditionnelle dont les jugements
sont dominés par le goût du jour, la situation politique et sociale
du moment ; se referant aux critères psychologiques et moraux

146

celle-ci préfère au niveau de la « forme » le récit linéaire, une intrigue habilement composée, des personnages bien campés (p. 165 [7]). Après la guerre la « critique de communion » qui auparavant n'avait été qu'une minorité, se généralise [19]. La critique malrucienne transcende maintenant le domaine esthétique afin de saisir la valeur anthropologique de la littérature [20] ; elle ne se contente plus d'une simple fonction explicative en tant que médiatrice entre l'auteur et le public ; critique créatrice, elle se conçoit au même rang que la littérature, étant comme celle-ci une investigation de l'homme. « Les qualités maîtresses du critique », affirmera T. Maulnier, « ce sont les qualités maîtresses du créateur et la sensibilité divinatrice au mystère de toute création » (pp. 166-7 [7]). C'est incontestablement un des mérites du travail de R. Schult que d'avoir dégagé, par son analyse, une évolution de la critique ; reste à savoir si cette évolution est un phénomène général ou s'il s'agit là d'un trait spécifique de la critique malrucienne (l'œuvre de l'auteur de *La Condition humaine* se prêtant particulièrement bien à une investigation de type anthropologique).

La valorisation des lectures éthiques et anthropologiques de l'œuvre de Malraux a fait cependant sous-estimer à R. Schult les interprétations politiques. Ne retenir comme valables que les critiques qui voient dans *L'Espoir* « *une nouvelle peinture de la condition humaine* » (R. LALOU) c'est tout de même négliger la portée de l'engagement anti-fasciste et de l'œuvre et de l'écrivain. On a souvent l'impression que l'auteur considère toute lecture politique comme partiale, aberrante, voire illégitime, l'œuvre littéraire servant de simple prétexte à une affirmation de positions politiques du groupe auquel le critique appartient. Or l'aspect politique est sans conteste une des dimensions importantes de l'œuvre de Malraux et il ne saurait être illégitime de la déchiffrer et de la commenter. M. Bernard, quant à lui, tombe dans l'erreur inverse ; il ne retient comme valable que les lectures politico-révolutionnaires ; les interprétations métaphysiques se réduisent à ses yeux à des manifestations d'un individualisme imperméable aux valeurs communautaires.

Nos réflexions avaient pour but de présenter les résultats des études consacrées à la réception critique de l'œuvre malrucienne et de poser en même temps les problèmes (théoriques et méthodologiques) que des analyses de ce type impliquent.

Aucune des études présentées ne pourrait passer pour définitive, ce qui n'étonne pas, vu la complexité du processus de la réception. Mais on ne saurait trop louer les auteurs des travaux mentionnés ci-dessus de s'être engagés dans un chemin encore peu exploré ; il ne reste qu'à souhaiter que d'autres chercheurs continuent sur la voie déjà tracée, reprennent les résultats acquis pour nous donner un jour un travail exhaustif sur l'accueil que l'œuvre de Malraux a trouvé auprès du public et de la critique.

Joseph JURT

NOTES

1. Albert BÉGUIN, *Esprit*, oct. 1948.

2. Lettre du 12 novembre 1951 citée par Renate SCHULT, *André Malraux und sein Romanwerk in der französischen Literaturkritik von 1928–1948* (Berlin, Freie Universität, 1969), p. 25.

3. Pol GAILLARD, *Les Critiques de notre temps et Malraux* (Paris, Garnier, 1970). Quand il passera en revue la critique malrucienne, Pol Gaillard distinguera ainsi non pas entre réactions vraies et fausses, mais entre celles qui sont instructives par rapport à l'œuvre et celles qui le sont par rapport au critique ; il s'exprime par une métaphore : « *On peut prendre d'une même statue des photographies innombrables, chacune à une distance et sous un angle différents, avec une lentille différente. Toutes sont " vraies " en un sens, on peut même dire instructives. Mais certaines renseignent davantage sur les caractéristiques de la lentille ou le tempérament particulier du photographe que sur la statue !* » (p. 7).

4. *Revue de l'Institut de Sociologie* [Bruxelles], 36e année, n° 2, pp. 393–429.

5. Yvonne Stokart qui avait analysé la revue *Europe* affirme, elle aussi : « *Si un auteur s'exprime dans un périodique dont l'orientation est caractéristique, on peut présumer qu'il en partage, au moins partiellement, les idées dominantes.* » (*Table de la revue " Europe " (1923–1932)*. Louvain, 1967, p. II).

6. Lucien GOLDMANN, *Critique sociologique et critique psychanalytique*, (Bruxelles, Éditions de l'Institut de Sociologie, 1970), p. 37.

7. Renate SCHULT, *André Malraux und sein Romanwerk in der französischen Literaturkritik von 1928–1948* (Berlin, Freie Universität, 1969).

8. *L'Avenir* n'est pas socialiste, c'est une feuille de droite (p. 8) ; *L'Action
française* serait mieux désignée comme organe du nationalisme intégral
que de quotidien monarchiste (p. 8) ; *La Revue hebdomadaire* ne fait pas
partie de la presse ecclésiastique, c'est une revue de la droite bourgeoise,
virant plus tard à la droite fasciste (p. 8) ; *La Vie intellectuelle* n'est pas
un organe protestant, c'est la revue des Dominicains (p. 47) ; *L'Ordre* et
L'Opinion ne sont pas des journaux socialistes, mais de droite (p. 57) ; *L'Aube*
est l'organe des démocrates chrétiens et non pas des socialistes (p. 90). La
présentation la plus effarante semble être celle de *Temps présent* comme
« périodique catholique communiste ». Cet organe des démocrates chrétiens
n'était pas systématiquement fermé aux idées de gauche. Mais communiste ! Tout de même !

9. Walter G. LANGLOIS, *André Malraux. L'aventure indochinoise* (Paris,
Mercure de France, 1967), p. IX.

10. *Zeitschrift für französische Sprache und Literatur*, Band LXXXIII,
Heft 1, 1973.
Le même critique a édité et présenté des critiques littéraires de Trotski
sous le titre L. D. TROTZKI, *Literaturtheorie und Literaturkritik* (München,
Fink, 1973, 184 p.). Une traduction allemande de l'étude de Trotski sur *Les
Conquérants* y figure également.

11. Cf. L. GOLDMANN, *Pour une sociologie du roman* (Paris, Gallimard,
1964), pp. 151-2 : « *On imagine difficilement un manque aussi prononcé de
compréhension pour l'aspect littéraire de l'œuvre. Dès le début de l'article, après
avoir constaté que Garine est le porte-parole de Malraux, il écrira en effet
que, " le livre s'intitule un roman […] ". Tout ceci indique à quel point enfermé
dans sa perspective d'homme politique, Trotsky passe à côté de la structure
proprement littéraire de l'ouvrage […].* »

12. LACOUTURE, p. 210 : « *À l'homme de l'histoire, l'homme du roman répond
comme s'ils étaient sur le même plan — Trotsky y ayant d'ailleurs incité Malraux
avec une désarmante bonne grâce.* »

13. Cf. L. GOLDMANN, *op. cit.*, p. 162.

14. Sur ce dialogue voir aussi le point de vue d'un spécialiste de l'histoire
coloniale : Urs BITTERLI, *Malraux, Conrad, Greene, Weiss. Schriftsteller
und Kolonialismus* (Zürich—Köln, Benziger, 1973), pp. 92-5.

15. André MALRAUX, *La Voie royale* (Paris, Le Livre de poche, 1973),
p. 60.

16. Dans un compte rendu italien de 1934 consacré à *La Condition humaine*
on pouvait ainsi lire : « *Il est facile de voir comment cette conception de la vie
et de sa valeur se détache de la conception quiétiste et pacifiste qui est celle de
la France d'aujourd'hui. Par beaucoup de côtés elle se rapproche de la conception même de la doctrine fasciste* » (cité par SCHULT, p. 161). M. Bernard relève
une projection d'une éthique fasciste sur les héros de Malraux dans le compte
rendu que Gabriel Brunet, critique littéraire de *Je suis partout*, a consacré
à *L'Espoir* ; la lutte y est valorisée en tant que telle parce qu' « *elle substitue
à l'incertitude de la pensée la certitude obligée de l'acte* » (M. BERNARD, art.
cit., p. 400).

17. Les historiens ont toujours insisté sur l'existence d'au moins deux

grands courants au sein du catholicisme français : « *La ligne de partage qui sépare, à l'intérieur du catholicisme français, Action française et Démocratie chrétienne* [...] *est peut-être aussi importante à l'intelligence de la vie politique française que la frontière entre la gauche et la droite.* » (R. RÉMOND, *La Droite en France de 1815 à nos jours* [Paris, Aubier, 1954], p. 183).

18. J.-L. LOUBET DEL BAYLE, *Les Non-conformistes des années 30* (Paris, Seuil, 1969), p. 30.

19. R. Schult en voit deux raisons pour cette évolution : l'engagement concret de Malraux dans les rangs de la Résistance avait, d'une part, conféré à son œuvre une *authenticité*, devenue valeur absolue pour la génération d'après-guerre ; après avoir vécu des situations extrêmes au cours de la guerre on pouvait, d'autre part, apercevoir dans les romans de Malraux une image réelle de la condition humaine et non pas seulement une exagération paroxystique, comme l'avaient affirmé les critiques de l'entre-deux-guerres.

20. R. Schult cite des affirmations de critiques malruciens qui sont tout à fait significatives à ce propos : pour G. Picon le roman est un « instrument de la conscience métaphysique », pour Claude Mauriac « un instrument de découverte personnelle », pour R. Caillois « un instrument de connaissance » (p. 166).

CARNET BIBLIOGRAPHIQUE

par Peter C. Hoy

Du fait du retard pris par *La Revue des lettres modernes* et qui s'ajoute au recul jusqu'alors maintenu pour établir au mieux le « Carnet bibliographique » chaque année, du fait aussi que la bibliographie malrucienne ne cesse de s'étendre, une conjonction de difficultés matérielles en est résultée qu'il a fallu résoudre d'urgence. Des réformes de structure de l'ensemble des éléments bibliographiques dispensés à la Série *Malraux* se sont révélées nécessaires.

La conséquence la plus immédiatement visible dans le « Carnet bibliographique » est la disparition des différentes rubriques de ventilations habituelles ; leur est substituée la stricte présentation chronologique et alphabétique des *Calepins* par domaine linguistique.

Nous donnons dans le présent volume la bibliographie des études en langue française pour les années 1973, 1974 et 1975, et celle des langues allemande et autres pour la même période. La bibliographie des Œuvres de Malraux n'étant pas ordinairement incluse aux *Calepins*, se trouve maintenue dans la présente livraison. Parallèlement, nous mettrons en fabrication l'édition d'un *Calepin* série anglo-saxonne, tome II : 1971–1976, qui assurera la continuité entre les « Carnets bibliographiques » ancienne et future formules. Nous créerons plus tard des *Calepins* séries française et autres langues (langue allemande et autres).

Dans la prochaine livraison de la *Revue*, nous donnerons la bibliographie des études en langue française pour les années 1976 et 1977, celle des langues allemande et autres à partir de 1976, et la bibliographie des études en langue anglaise à partir de 1977.

Peter C. Hoy
Oxford, le 15 décembre 1977

151

ŒUVRES

(1973-1975)

et

COMPLÉMENT 1970–1972

ŒUVRES

A) Textes français

1973

Malraux. Paroles et écrits politiques, 1947–1972. Inédits. [Avertissement et notes de la rédaction.] Paris, *Espoir. Revue de l'Institut Charles-de-Gaulle*/Plon, 1973, 113 p. (*Espoir. Revue de l'Institut Charles-de-Gaulle*, n° 2, janv. 1973).

[pp. 5–9 : « 2 juillet 1947 : Discours prononcé au Vélodrome d'Hiver (Paris) » (au R.P.F.) ; pp. 10-1 : « 21 février 1948 : " À des compagnons de la Résistance " » (article paru dans *Le Rassemblement*) ; pp. 12–4 : « 17 avril 1948 : Discours prononcé aux assises nationales du R.P.F. (Marseille) " Liberté et vouloir " » (fragments) ; pp. 15-6 : « 26 juin 1948 : " 18 juin 1948 " » (article paru dans *Le Rassemblement*) ; p. 17 : « 10 juillet 1948 : " Les figures de paille " » (fragments ; article paru dans *Le Rassemblement*) ; pp. 18-9 : « 4 septembre 1948 : " Leur fuite à Varennes " » (paru dans *Le Rassemblement*) ; p. 20 : « 16 octobre 1948 : " Qui sommes-nous ? " » (paru dans *Le Rassemblement*) ; pp. 21-3 : « 12 février 1949 : Discours prononcé aux assises nationales du R.P.F. (Lille) » (fragments) ; pp. 24-5 : « 29 avril 1950 : " Sauver les meubles " » (paru dans *Le Rassemblement*) ; pp. 26-7 : « 1er juin 1951 : " La République " » (paru dans *Le Rassemblement*) ; pp. 28-9 : « 8 juin 1951 : Discours prononcé au Vélodrome d'Hiver lors de la campagne du R.P.F. pour les élections législatives (Paris) » (fragments) ; pp. 30-1 : « 25 novembre 1951 : Discours prononcé aux assises nationales du R.P.F. (Nancy) » (fragments) ; pp. 32-3 : « 23 février 1952 : Discours prononcé au Vélodrome d'Hiver à l'occasion du Conseil national du R.P.F. (Paris) » (fragments) ; pp. 34–6 : « 30 mai 1952 : Discours prononcé au Congrès pour la liberté de la culture » ; p. 37 : « 5 juillet 1952 : Discours prononcé au Conseil national élargi du R.P.F. (Saint-Maur) » ; p. 41 : « 24 juin 1958 : Conférence de presse » (fragments) ; pp. 42-3 : « 14 juillet 1952 : Discours prononcé au cours de la manifestation de l'Hôtel de Ville (Paris) » (fragments) ; pp. 44–7 : « 24 août 1958 : Discours prononcé pour la commémoration de la libération de Paris au nom du général de Gaulle alors en Afrique, devant la gare où fut signée la reddition des troupes allemandes de Paris » (déjà publié dans *Oraisons funèbres*) ; pp. 48-

9 : « 4 septembre 1958 : Discours prononcé place de la République lors de la présentation du projet constitutionnel au peuple français (Paris) » ; pp. 50–2 : « 30 octobre 1962 : Discours prononcé au palais de Chaillot lors de la campagne pour les élections législatives (Paris) » (fragments) ; pp. 53–7 : « 24 novembre 1963 : Discours prononcé aux assises nationales de l'U.N.R.-U.D.T. (Nice) » ; pp. 58-9 : « 18 avril 1964 : Discours prononcé lors de l'inauguration de la Maison de la culture de Bourges » (fragments) ; pp. 60–3 : « 31 mai 1964 : Discours pour la commémoration de la mort de Jeanne d'Arc au nom du Gouvernement français (Orléans, daté Rouen) » (fragments ; publié intégralement dans *Oraisons funèbres*) ; pp. 64–7 : « 19 décembre 1964 : Discours prononcé pour le transfert des cendres de Jean Moulin au Panthéon en présence du général de Gaulle, place du Panthéon (Paris) » (déjà publié dans *Oraisons funèbres*) ; pp. 68–73 : « 15 décembre 1965 : Discours prononcé au Palais des Sports pour le second tour de l'élection présidentielle (Paris) ; pp. 74-5 : « 27 octobre 1966 : Intervention à l'Assemblée nationale sur le budget des affaires culturelles » ; p. 76 : « 27 octobre 1966 : Intervention à l'Assemblée nationale en réponse à divers orateurs critiquant la création des *Paravents* de Jean Genet au Théâtre de France » ; pp. 77–9 : « 31 janvier 1967 : Discours prononcé au Palais des Sports pour la campagne des élections législatives » (fragments) ; pp. 80–3 : « 4 février 1968 : Discours prononcé lors de l'inauguration de la Maison de la culture de Grenoble » ; pp. 84–8 : « 20 juin 1968 : Discours prononcé au Parc des Expositions pour la campagne des élections législatives (Paris) » ; pp. 89-90 : « 29 septembre 1968 : Discours prononcé pour la clôture de l'assemblée générale de l'Association des parlementaires de langue française » (fragments) ; pp. 91–6 : « Octobre 1968 : Entretien accordé au journal allemand *Der Spiegel* » ; pp. 97–9 : « 13 avril 1969 : Discours prononcé aux deuxièmes assises de l'Union des jeunes pour le progrès (Strasbourg) » (fragments) ; pp. 100–3 : « 23 avril 1969 : Discours prononcé au Palais des Sports pour la campagne sur le référendum (Paris) » (fragments) ; pp. 107-11 : « Mars 1971 : Entretien avec Roger Stéphane à l'occasion de la sortie du livre *Les Chênes qu'on abat...* » ; pp. 112-3 : « 13 mai 1972 : Discours pour la commémoration des maquis à Durestal en Dordogne »]

« Lettre d'André Malraux à Roger Caillois » ; et « Fragment inédit de *L'Irréel* », pp. 21–3 et 209–19 in *André Malraux. Fondation Maeght*. 06 Saint-Paul, du 13 juillet au 30 septembre 1973. [Exposition réalisée par Jean-Louis PRAT et Nicole WORMS DE ROMILLY ; avec Lise DUNOYER, pour la partie littéraire et documentaire, assistée de Pascale MELUT, Sylvie FAGUER et de Michèle DELAISEMENT]. Paris, Imprimerie Arte—Adrien Maeght, 1973, 322 p.

[la partie « Catalogue » (pp. 27–206) contient, en outre, de très nombreux extraits de lettres inédites de Malraux à divers correspondants, ainsi que plusieurs fac-similés de fragments de manuscrits de l'auteur (notamment, pp. 31, 83, 92 et 96)]

« Préface », pp. XIX–XXXI in VAN RYSSELBERGHE, Maria, *Les Cahiers de la Petite Dame. Notes pour l'histoire authentique d'André Gide*. Tome I : *1918–1929*. Avant-propos et notes de Claude Martin. Paris, Gallimard, 1973, xxxi-461 p. (Coll. « Cahiers André Gide », 4).

« Préface », pp. 9–23 in Bockel, Pierre, *L'Enfant du rire*. Paris, Bernard Grasset, 1973, 204 p.

Lettre inédite à Raymond Radiguet [du 12 juin 1921], p. 62 in Odouard, Nadia, *Les Années folles de Raymond Radiguet*. Paris, Seghers, 1973, 315 p. (Coll. « L'Archipel »).

« Lapins pneumatiques dans un jardin français », *Mélanges Malraux Miscellany* [Lexington (Ky.)], V, no. 1, Spring 1973, pp. 5–7.

> [extrait de *Journal d'un pompier du jeu de massacre* (publié d'abord dans *Dés*, n° 1, avril 1922, pp. 16–8, 20) ; pp. 4-5 : présentation de Walter G. Langlois (« Another fragment of *Écrit pour une idole à trompe* »)]

« Inédit : La Vénus des Folies-Bergère et celle de Titien. I. — La Peinture officielle '' », *Le Figaro littéraire*, 28 avril 1973.

« À Saint-Paul-de-Vence : André Malraux a inauguré son musée imaginaire », *Le Monde*, 15-16 juill. 1973.

> [propos de Malraux]

« L'Expédition d'Ispahan », *Mélanges Malraux Miscellany*, V, no. 2, Autumn 1973, pp. 27–30.

> [voir aussi p. 26 : '' Malraux's ' Ispahan ' text '', par Walter G. Langlois ; texte publié d'abord dans *L'Indochine*, n° 42 (2 août 1925)]

« L'Irréel, le Titien et les peintres de Venise », *Magazine littéraire*, n° 79-80, sept. 1973, pp. 9–12.

> [fragment inédit de « L'Irréel », chapitre de *La Métamorphose des dieux* (Gallimard)]

« L'Art est une conquête ; L'Attitude de l'artiste », *Magazine littéraire*, n° 79-80, sept. 1973, pp. 18–21.

> [« L'Art est une conquête » est le discours prononcé par Malraux en 1934 au 1er Congrès des Écrivains Soviétiques à Moscou du 17 au 31 août 1934 (publié pour la première fois dans *Commune*, sept.-oct. 1934) ; « L'Attitude de l'artiste » représente l'essentiel des propos de Malraux à son retour de Moscou lors de la réunion où il fut rendu compte du Congrès (initialement publié dans *Monde*, 2 nov. 1934, puis repris dans *Commune*, nov. 1934)]

« Le Premier grand combat du peuple de la nuit », *Le Monde*, 4 sept. 1973.

> [discours d'inauguration du monument d'Émile Gilioli sur le Plateau des Glières (hommage aux maquisards savoyards) ; les intertitres sont de la rédaction du *Monde*]

154

« Le Tâtonnement de la Grâce », *Le Figaro littéraire*, n° 1429,
6 oct. 1973, pp. I-II/13-4.

[texte de la préface au livre de Bockel avec un liminaire d'André
Brincourt]

« *La Condition humaine* (extraits) ; *L'Espoir* (extraits) », pp. 105–
11 in Junod, Roger-Louis, *Écrivains français du XX* siècle.
2ᵉ édition revue et augmentée. Lausanne, Payot, 1973,
224 p.

« Deux inédits [*Lapins pneumatiques dans un jardin français*
(*Dés*, n° 1, avril 1922) ; réponse à une enquête d'*Avant-
poste* (n° 3, oct.-nov. 1933) sur « le problème du fascisme »] »,
pp. 153–61 in *André Malraux 2*.

[présentation de Walter G. Langlois (pp. 153-4 et 159-60)]

1974

Le Miroir des Limbes. Lazare. Paris, Gallimard, 1974, 252 p.

[« Lazare *figurera dans le second tome du* Miroir des Limbes, *dont le
premier a été publié sous le titre* Antimémoires »]

Bernanos, Georges, *Journal d'un curé de campagne.* Édition
établie à partir du manuscrit et de l'édition originale. Préface inédite d'André Malraux. Paris, Plon, 1974, 291 p.

[repris, sous le titre « Bernanos, le dernier témoin de la pitié secrète »,
Le Figaro littéraire, n° 1480, 28 sept. 1974, pp. I-II/11-2]

« Picasso, le Saturne de la métamorphose. I. L'Atelier du quai
des Grands-Augustins », *Le Figaro littéraire*, 16 févr. 1974.

« Picasso, le Saturne de la métamorphose. II. " La plus furieuse
accusation de la peinture... " », *Le Figaro littéraire*, 23 févr.
1974.

« La Civilisation atlantique », *Revue générale : Lettres, arts et
sciences humaines* [Bruxelles], n° 3, mars 1974, pp. 66–8.

[« *en 1964 la* Revue des sciences politiques, *publiée par l'Amicale
des élèves de l'Institut d'Études politiques de Toulouse, consacra un
numéro spécial à l'O.T.A.N. M. André Malraux collabora par le
texte ci-dessous* »]

« Malraux chez l'ombre de Picasso », *Paris-Match*, n° 1296,
9 mars 1974, pp. 44–50.

[extraits de *La Tête d'obsidienne*]

« À propos de " Picasso et Picasso " [*précision*] », *Le Monde*,
22 mars 1974.

[voir « Interviews de Malraux » (1974 « Un Entretien avec André
Malraux »)]

« André Malraux : " J. Chaban-Delmas peut réformer l'ensei-
gnement " », *Le Figaro*, 26 avril 1974.

[propos de Malraux sur Chaban-Delmas à la télévision]

« M. Malraux : La France ne peut pas se payer un nouveau
mai 68 », *Le Monde*, 30 avril 1974.

[déclarations sur l'héritage gaulliste au micro de R.T.L. (dimanche,
le 28 avril)]

« Discours au Plateau des Glières pour l'inauguration du monument commémoratif de Gilioli, Haute-Savoie, 2 septembre
1973 », *Espoir. Revue de l'Institut Charles-de-Gaulle*, n° 7,
sept. 1974, pp. 45–9.

« Document : Malraux et la mort [*extraits de* Lazare] », *Paris-
Match*, 2 nov. 1974.

[avec une documentation photographique]

« Inédit : La naissance de l'art moderne », *Le Figaro littéraire*,
9 nov. 1974.

[introduction au troisième volet de *La Métamorphose des dieux*,
L'Intemporel]

« Une Lettre d'André Malraux [au directeur général sortant
de l'UNESCO, René Maheu] », *Le Figaro*, 15 nov. 1974.

[contre la « position discriminatoire » de l'UNESCO envers Israël]

1975

Le Miroir des Limbes. Hôtes de passage. Paris, Gallimard, 1975,
235 p.

[« *Avec* Lazare, *la plus grande partie des textes qui forment le tome II
du* Miroir des Limbes — *dont les* Antimémoires *forment le tome I —
se trouve publiée, à l'exception des trois premiers chapitres. Les voici,
afin que les lecteurs qui veulent bien s'intéresser à ce livre puissent
dès maintenant en posséder le texte complet* »]

« Les Antichambres de la mort », *Les Nouvelles littéraires*,
53e année, n° 2504, 27 oct.–2 nov. 1975, p. 2.

[extrait de *Hôtes de passage* (rencontre du 6 mai 1968); présentation
de la rédaction]

« Document annexe. Une réponse d'André Malraux à André Bazin », pp. 190–2 in Bazin, André, *Le Cinéma de l'Occupation et de la Résistance*. Préface et notes de François Truffaut. Paris, Union Générale d'Éditions/10/18, 1975, 194 p. (Coll. « Inédit/10/18 », 988).

> [réponse (datée du 8 mars) à l'article de Bazin paru dans *Esprit* (1945)]

« *L'Imposture* [présentation de Michel Estève] », pp. 121–3 in *Études bernanosiennes 15. " Les Ténèbres " : Structure et personnages*. Textes réunis et présentés par Michel Estève. Paris, Lettres Modernes, 1975, 165 p. (*La Revue des lettres modernes*, nᵒˢ 409–412).

> [reprend l'article de *La Nouvelle revue française* (1ᵉʳ mars 1928)]

Fragment d'une lettre à Ivo Ivan (du 12 juin 1974), p. 174 in Ivan, Ivo, « *Heart of Darkness* in French literature », pp. 167–204 in *Studies in Joseph Conrad*. Edited by Claude Thomas. Montpellier, Centre d'études et de recherches victoriennes et édouardiennes, 1975, 294 p. (Numéro spécial des *Cahiers d'études et de recherches victoriennes et édouardiennes*, nᵒ 2, (1975)].

« [Propos d'André Malraux (au Japon en mai 1974)] », *L'Appel*, nᵒ 13, janv.-févr. 1975, p. 18.

> [rapportés par Tadao Takémoto]

« Le Mythe de la science et le destin de l'homme », *La Nouvelle revue des deux mondes*, n.s., nᵒ 2, févr. 1975, pp. 265–9.

« Le Discours d'André Malraux à Chartres : " Ce n'est pas le bruit qui fait la guerre, c'est la mort " », *Le Monde*, nᵒ 9429, 11-12 mai 1975, p. 6.

> [texte intégral du discours adressé, le samedi 10 mai en fin de matinée sur le parvis de la cathédrale de Chartres, aux femmes rescapées de la déportation, réunies pour célébrer le trentième anniversaire de la libération des camps ; les titres et intertitres sont de la rédaction du *Monde*]

« Inédit : Michel-Ange, et l'invention du héros », *Le Figaro littéraire*, nᵒ 1515, 31 mai 1975, p. I/17.

> [« *en liaison avec les manifestations prévues dans le monde entier pour célébrer le cinquième centenaire de la naissance de Michel-Ange, la télévision italienne entreprend un cycle d'émissions internationales ; elle en a demandé à André Malraux l'introduction, développement oral d'un texte inédit dont* Le Littéraire *s'est assuré l'exclusivité* »]

« Discours à la cathédrale de Chartres lors de la célébration du 30ᵉ anniversaire de la libération des camps de déportation,

[le] 10 mai 1975 », *Espoir. Revue de l'Institut Charles-de-Gaulle*, n° 12, oct. 1975, pp. 62–5.

[texte intégral]

« Elle étonnera encore le monde », *L'Appel*, n° 21, nov.-déc. 1975, pp. 30–2.

[extraits du discours de nov. 1975 (Colloque de l'Institut Charles-de-Gaulle)]

« Discours prononcé par M. André Malraux le 23 novembre 1975 à la salle des Horticulteurs (Paris) », *Espoir. Revue de l'Institut Charles-de-Gaulle*, n° 13, déc. 1975, pp. 28–34.

« L'Appel des sept », *Le Nouvel observateur*, n° 568, 29 sept.-5 oct. 1975, p. 41.

[texte du message au gouvernement espagnol (rédigé en français et en espagnol) et ses signataires : Malraux, Mendès-France, Aragon, Sartre et François Jacob]

INTERVIEWS DE MALRAUX

BRINCOURT, André, *Noir sur blanc*. Paris, Fayard, 1973, III-345 p.

[pp. 235–40 : « Rendez-vous avec André Malraux »]

MÉGRET, Frédéric, « Pour André Malraux le musée imaginaire devient réalité », *Le Figaro littéraire*, n° 1413, 16 juin 1973, pp. I, VI/15, 20.

[interview]

« Entretien avec André Malraux : L'art est le seul rival de la religion », *Les Nouvelles littéraires*, 16–23 juill. 1973.

[Malraux répond aux questions de Pierre-Yves LEPRINCE]

« La Mort au Japon : Entretien avec Tadao Takémoto », *L'Appel*, n° 2, déc. 1973, pp. 85–9.

[avant-propos par Tadao TAKÉMOTO ; texte revu par André Malraux]

[MALRAUX, André, *et* Tadao TAKÉMOTO,] « André Malraux parle du suicide et de la mort », *Le Monde* [*aujourd'hui*], 9-10 déc. 1973.

[fragments de l'entretien publié dans *L'Appel* (n° 2, 1973)]

« Un Entretien avec André Malraux », *Le Monde*, 15 mars 1974, pp. I, 22.

[autour de *La Tête d'obsidienne* ; propos recueillis par Jean-Marie DUNOYER et Pierre VIANSSON-PONTÉ]

Extraits de l'entretien avec Jean-Marie DROT, diffusé le 15 mars 1974 à 20 h 30 (Chaîne 1) in BRINCOURT, André, « Ce soir à la télévision — André Malraux : Introduction au Musée Imaginaire », *Le Figaro*, 15 mars 1974.

« Malraux : Les temps qui viennent [entretien avec Guy SUA-RÈS : extraits] », *Le Point*, 25 mars 1974.

« M. André Malraux : Transformer l'éducation nationale grâce à la télévision et aux ordinateurs », *Le Monde*, 26 avril 1974.
[fragments d'une interview diffusée par Radio-Luxembourg le 24 avril 1974]

« " Our civilisation is in crisis " », *Newsweek* [New York], LXXXIV, no. 7, Aug. 12, 1974, pp. 22–5.
[entretien avec Cabell BRUCE]
[repris (condensé) sous le titre " Civilisation in crisis. I. Man vs. the god of science ", *The Reader's Digest* [New York], vol. 105, no. 632, Dec. 1974, pp. 112–5]

« Malraux : La civilisation de la machine va finir... », *Paris-Match*, nº 1321, 31 août 1974, pp. 38–40.
[traduction de l'interview avec Cabell BRUCE]
[repris sous le titre « Malraux et la crise de civilisation », *Sélection du " Reader's Digest "*, 29ᵉ année, mars 1975, pp. 25–9]

CLAIR, Jean, « De Lazare à Rembrandt : Dialogue avec André Malraux », *L'Art vivant*, nº 54, déc. 1974-janv. 1975, pp. 34–6.
[entretien enregistré le 16 nov. 1974 à Verrières]

CAMBER, Melinda, " André Malraux on the margin ", *The Times* [Londres], nº 59294, Jan. 15, 1975, p. 12.
[Malraux parle de *Lazare* et de *L'Irréel*]

« Les Réalités et les comédies du monde », *L'Appel*, nº 13, janv.-févr. 1975, pp. 3–17, 19–31.
[« *le texte est celui d'un entretien d'André Malraux avec Olivier Germain-Thomas. André Malraux a bien voulu revoir attentivement l'ensemble de la transcription...* »]

« André Malraux à la revue *L'Appel* : " Je ne crois pas au gaullisme sans de Gaulle " [extraits de l'interview accordée à Olivier Germain-Thomas] », *Le Figaro*, 10 févr. 1975.

« Le Document de la semaine. *Le Grand livre rouge* de Mao Tsé-toung. Entretien de Mao Tsé-toung avec André Malraux », *Le Nouvel observateur*, nº 549, 17–25 mai 1975, pp. 80–2, 84, 87-8, 92.
[traduction française de textes inédits pris dans *Le Grand livre rouge* (le célèbre entretien Mao—Malraux de 1965)]

« Entretien : Malraux parle de Franco », *Le Nouvel observateur*, 27 oct.–2 nov. 1975.

> [propos recueillis par Olivier TODD]

« Le Document de la semaine : Malraux par Malraux [*présentation* d'Olivier TODD] », *Le Nouvel observateur*, n° 573, 3–9 nov. 1975, pp. 96-7, 99-100, 107-8, 113, 115-6, 124, 132 et 138.

> [propos recueillis par Olivier TODD]

B) Traductions

The Temptation of the West. Translated and with an introduction by Robert HOLLANDER. New York, Jubilee Books, Inc., 1974, XII–122 p. (Coll. « Jubilee Reprints »).

> [pp. V–X : Introduction ; pp. XI-XII : '' A Selective bibliography of the works of André Malraux and of available translations '']

COMPLÉMENTS

(1970-1972)

« [De Gaulle] vu par André Malraux [fragment des *Antimémoires* (entretien de juin 1958)] », *L'Express*, 16–22 nov. 1970.

« Documents : A conversation with André Malraux », *Anon.* [Austin (Texas)], no. 1, Dec. 31, 1970, pp. 1, 10-1.

« Exclusif : Malraux sur l'après-gaullisme [interview avec John HESS] », *L'Express*, 7–13 août 1972.

> [publié d'abord dans le *New York Times*]

CRITIQUE

(langue française)

1973

(classement alphabétique des périodiques contenant des articles anonymes)

Bulletin du bibliophile (n° III, 1973)
***, « Catalogue des reliures de Monique Mathieu (*suite*) » (pp. 271–96).

> [voir p. 282]

***, « Chronique » (pp. 297–328).

[voir pp. 316–9 (sur l'exposition André Malraux à la Fondation Maeght)]

Bulletin critique du livre français (1973)

***, « Payne (Robert). *André Malraux*. Trad. de l'américain par Pierre Rocheron (*A Portrait of André Malraux*) » (n° 329, mai, p. 543).

***, « Harris (Geoffrey T.). *André Malraux : L'éthique comme fonction de l'esthétique* » (n° 330, juin, p. 667).

***, « Langlois (Walter G.). *André Malraux*, 2. Première livraison. *Malraux Criticism in English. Essai de bibliographie des études en langue anglaise consacrées à André Malraux (1924–1970)* » (n° 330, juin, p. 669).

***, « Langlois (Walter G.), sous la dir. de. *Du " Farfelu " aux " Antimémoires ". André Malraux*, 1 (1972) » (n° 330, juin, p. 669).

Bulletin du livre (1973)

***, « À la découverte de Malraux » (n° 221, 5 mai, p. 26).

[interview avec Lacouture]

***, « La Presse en parle. Robert Payne : L'enfance de Malraux » (n° 221, 5 mai, pp. 29-30).

***, « La Presse en parle. Jean Lacouture : Une solitude irréductible » (n° 224, 20 juin, pp. 20-1).

***, « Les Succès de l'été » (n° 226, 5 sept., p. 61).

[Lacouture, *et al.*]

***, « La Quinzaine : Malraux (André) par Malraux (Clara) » (n° 228, 5 oct., p. 40).

[annonce *Voici que vient l'été*]

La Croix (1973)

***, « Le Musée Malraux de Saint-Paul-de-Vence » (29-30 juill.).

Espoir. Revue de l'Institut Charles-de-Gaulle (1973)

***, [Présentation et notes] in [Malraux, André,] *Malraux. Paroles et écrits politiques, 1947–1972*. Paris, *Espoir. Revue de l'Institut Charles-de-Gaulle*/Plon, 1973, 113 p. (n° 2, janv.).

L'Express (1973)

***, « Édition : Coup de neuf à l'Imprimerie nationale » (8-14 janv.).

161

***, « Notes politiques : Le non d'André Malraux » (8–14 janv.).

***, « André Malraux à la Fondation Maeght » (4–10 juin).

***, « Quoi de neuf... Télévision... André Malraux » (2–8 juill.).
[sur l'émission *Plein cadre*]

Le Figaro (1973)
***, « André Malraux prix Nehru » (13 nov.).

Magazine littéraire (1973)
***, « André Malraux » (n° 79-80, sept., p. 8).

Le Monde (1973)
[*des livres*] ***, « Échos et nouvelles » (25 janv.).

***, « M. Malraux se rendrait prochainement en Inde et en Bangladesh » (30 mars).

[*aujourd'hui*] ***, « Exposition : Salvador Dali illustre André Malraux » (24-25 juin).

[*aujourd'hui*] ***, « Écouter, voir » (8-9 juill.).

[*aujourd'hui*] ***, « Écouter, voir. Les lundis de l'histoire : " André Malraux d'après la biographie de Jean Lacouture " — Lundi 10 septembre, France-Culture, 9 h 5 » (9-10 sept.).

***, « Le Prix Aujourd'hui à Jean Lacouture pour son *Malraux* » (7 nov.).

La Nouvelle revue des deux mondes (n.s., 1973)
***, « Portraits par un inconnu. IV. André Malraux ou le génie » (n° 10, oct., pp. 30–5).

Les Nouvelles littéraires (1973)
***, « Bibliographie » (16–23 juill.).

***, « Biographie », (16–23 juill.).

Le Point (1973)
***, « André Malraux, l'action et la pensée » (2 juill.).
[annonce l'émission télévisée de J. Alexandre et J.-O. Chattard]

***, « *André Malraux, une vie dans le siècle*, de Jean Lacouture » (2 juill.).

162

***, « Présentation » ; « Chronologie » ; et « Bibliographie sommaire », pp. 7, 311–3 et 314 in *André Malraux. Fondation Maeght.*

- *André Malraux 2 (1973)* : « *Visages du romancier* ». Textes réunis et présentés par Walter G. LANGLOIS. Paris, Lettres Modernes, 1973, 208 p. (*La Revue des lettres modernes*, nos 355–359).

> [voir BULHOF, FORTIER, GERSHMAN, HOY, KLINE, LANGLOIS, PEYRE, QUINTANA]

- *André Malraux. Fondation Maeght.* 06 Saint-Paul, du 13 juillet au 30 septembre 1973. [Catalogue de l'exposition réalisée par Jean-Louis PRAT et Nicole WORMS DE ROMILLY ; avec Lise DUNOYER, pour la partie littéraire et documentaire, assistée de Pascale MELUT, Sylvie FAGUER et de Michèle DELAISEMENT]. Paris, Imprimerie Arte—Adrien Maeght, 1973, 322 p.

> [la partie catalogue (pp. 27–206) contient 818 numéros]
> [voir ***, CAILLOIS, MASSON]

AUDOUARD, Yvan, « Saint-Ex et ex-Malraux », *Le Canard enchaîné*, 6 juin 1973.

> [à propos du livre de LACOUTURE]

BARBÉRIS, Pierre, *Lectures du réel*. Paris, Éditions Sociales, 1973, 304 p. (Coll. « Problèmes », 8).

> [pp. 52–7 : « Le Salut par la poésie » (p. 55 sur Malraux) et pp. 57–62 : « La Poésie doit (aussi) parler au nom des hommes en prison » (pp. 58 et 59 sur Malraux)]

BARON, Jacques, « Autour du musée imaginaire », *Les Nouvelles littéraires*, 16–23 juill. 1973.

BÉGUIN, Albert, *Création et destinée. Essais de critique littéraire.* [Tome I]. Choix de textes et notes par Pierre Grotzer. Paris, Aux Éditions du Seuil, 1973, 317 p. (Coll. « Pierre vives »).

> [pp. 190, 191 et 222]

BERTHIER, P., « Revue des livres. Littérature. *André Malraux.* No. 1 : *Du " farfelu " aux " Antimémoires "*. Sous la direction de Walter G. Langlois », *Études*, t. 339, juill. 1973, p. 147.

BEVAN, David, « L'Emploi du style indirect libre dans les romans d'André Malraux », *Recherches et travaux. Université de Grenoble. U.E.R. de lettres. Bulletin*, nᵒ 7, mars 1973, pp. 32–41.

BLAIR, Dorothy S., « Le Visage de l'homme dans l'œuvre romanesque d'André Malraux », *L'Information littéraire*, 25ᵉ année, nᵒ 3, mai-juin 1973, pp. 110–5.

BLANCHET, André, « Propos en marge : Feuillets datés », *Études*, t. 338, févr. 1973, pp. 277–87.

[p. 277]

BLANCHET, A[ndré], « Revue des livres. Littérature. Robert Payne. *André Malraux*. Traduction de Pierre Rocheron », *Études*, t. 338, mai 1973, pp. 785-6.

BLANCPAIN, Marc, *En français, malgré tout...* Paris, Bernard Grasset, 1973, 196 p.

[pp. 57-8 et 100 (souvenirs de Malraux)]

BOCKEL, Pierre, *L'Enfant du rire*. Préface d'André MALRAUX. Paris, Bernard Grasset, 1973, 204 p.

[pp. 64–85, 121-32 et 181-2]

BOISDEFFRE, Pierre DE, *Métamorphose de la littérature. Barrès, Gide, Mauriac, Bernanos, Montherlant, Malraux*. Édition entièrement revue et mise à jour par l'auteur. [6ᵉ édition]. Verviers, Marabout Université, 1973, 433 p. (Coll. « Marabout Université », 246).

[pp. 337–426 : « André Malraux (né en 1901) » ; « Les Métamorphoses du héros » (339) ; « André Malraux témoin du vingtième siècle » (340–4) ; « Une Biographie passionnée » (345–51) ; « De l'aventure à la Révolution » (352–68) ; « L'Érotisme et l'amour dans l'œuvre de Malraux » (369–86) ; « Une Philosophie de l'art » (387–404) ; « Un Humanisme désespéré » (405–10) ; « Des *Antimémoires* aux *Chênes qu'on abat* » (411–20) ; « Notice bio-bibliographique » (425-6)]

BONNET, Henri, « La Vraie vie selon Gide : L'antibergottisme de Malraux », *Les Nouvelles littéraires*, 1ᵉʳ–6 mai 1973.

[à propos de la préface aux *Cahiers* de Maria Van Rysselberghe)

[BOUESSÉE, Joël,] « À Saint-Paul-de-Vence jusqu'au 30 septembre, la Fondation Maeght présente André Malraux de l'imaginaire à la réalité », *Les Nouvelles littéraires*, 13–19 août 1973.

[avec des propos d'André Malraux]

BOURET, Jean, « Les Papiers du Barnabooth's Club », *Les Nouvelles littéraires*, 13–19 août 1973.

[sur l'exposition à Saint-Paul-de-Vence]

BOURGEOIS, Michel, « Regards sur Malraux », *Combat*, 21 mars 1973.

• [BRÉCHON, Robert,] *" La Condition humaine ", d'André Malraux*. Texte présenté par Robert BRÉCHON. Paris, Librairie Hachette, 1972, 95 p. (Coll. « Lire aujourd'hui »).

BRENNER, Jacques, « Histoire littéraire : Un tableau signé Malraux », *Le Figaro littéraire*, 31 mars 1973.

BRINCOURT, André, « Portrait dans quel miroir ? », *Le Figaro littéraire*, 17 févr. 1973.

    [c.r. de PAYNE]

BRINCOURT, André, « Chez Maeght : Malraux — au-delà de tous les musées rêvés », *Le Figaro littéraire*, 14 juill. 1973.

BRINCOURT, André, « Un Chemin à travers le sacré », *Le Figaro littéraire*, 6 oct. 1973.

    [à propos de la préface du livre de Bockel]

BRINCOURT, André, *Noir sur blanc*. Paris, Fayard, 1973, III-345 p.

    [pp. 235–40 : « Rendez-vous avec André Malraux » ; pp. 313–9 : « Les Héritiers d'André Malraux » ; et pp. 319–32 : « Un Nouvel humanisme : Malraux et la leçon d'art »]

BROCHIER, Jean-Jacques, « Le Biographe et sa cible », *Magazine littéraire*, n° 79-80, sept. 1973, pp. 34-5.

    [interview de LACOUTURE]

BROGE, Birgit, « Quelques possibilités de coordination avec *ni* en français moderne », *Revue romane*, VIII, fasc. 1-2, 1973, pp. 383–97.

    [pp. 387, 390 et 395 (exemples pris chez Malraux)]

BULHOF, Francis, « Le Portrait littéraire d'André Malraux dans l'œuvre d'Edgar du Perron », pp. 53–73 in *André Malraux 2*.

CAILLOIS, Roger, « André Malraux : Esquisse de quelques-unes des conditions requises pour concevoir l'idée d'un véritable Musée imaginaire » ; et « Réponse à André Malraux », pp. 13–19 et 24-5 in *André Malraux. Fondation Maeght*.

CANETTE, Gilles, Jean FERRY *et* Gérard MONTAGNON, « [Lettres sur le fronton Malraux] », *Magazine littéraire*, n° 81, oct. 1973, p. 6.

165

CHALUMEAU, Jean-Luc, *La Pensée en France de Sartre à Foucault*. Paris, Nathan, 1974, 189 p. (Coll. « Où en est la France »).

[pp. 159-71 : « La Pensée et l'action : André Malraux »]

CHAPON, François, « Sur quelques livres d'Albert Skira », *Bulletin du bibliophile*, n° IV, 1973, pp. 366-76.

[pp. 375-6]

CHARENSOL, Georges, « Souvenirs d'un témoin », *Les Nouvelles littéraires*, 15-21 janv. 1973.

CIRY, Michel, « Jugements (extrait du journal) : André Malraux », *Matulu*, 2e année, n° 22, févr. 1973, p. 8.

CLAVEL, Maurice, « "Nous sommes faits pour l'angoisse " », *Les Nouvelles littéraires*, 21-27 mai 1973.

[extraits d'une série d'entretiens avec André Halimi (France-Culture) : propos sur Malraux]

COMMOLET, Roger, « Malraux absent », *Le Nouvel observateur*, 29 oct.-4 nov. 1973.

[le silence de Malraux à propos du Chili]

[COT, Pierre,] « Entretien avec Pierre Cot, ancien ministre de l'air du gouvernement du Front populaire », *Magazine littéraire*, n° 79-80, sept. 1973, p. 25.

[propos recueillis par Yves MARGUERITE]

CURTIS, Jean-Louis, *Questions à la littérature*. Paris, Stock, 1973, 164 p. (Coll. « Questions »).

[pp. 88 et 125]

DALLE, Ignace, « D'André Malraux à Charles de Gaulle », *Le Figaro*, 20 juin 1973.

[sur le livre de Lacouture présenté au cours de l'émission de télévision « Ouvrez les guillemets », de Bernard Pivot]

D[ÉCAUDIN], M[ichel], « Travaux bibliographiques », *L'Information littéraire*, 25e année, n° 4, sept.-oct. 1973, p. 181.

[c.r. de 1972 LANGLOIS *et al.*]

DECOIN, Didier, « Malraux : La vie, tout simplement », *Les Nouvelles littéraires*, 4-10 juin 1973.

[c.r. de LACOUTURE]

DÉDÉYAN, Charles, « Denis Boak : *André Malraux* », *Erasmus*, vol. 25, no. 22, Nov. 25, 1973, p. 790.

DORENLOT, Françoise E., « Malraux, André. *Oraisons funèbres* », *The French Review*, XLVI, no. 3, Feb. 1973, pp. 663-4.

DORENLOT, Françoise E., « Malraux, André. *Le Triangle noir. Laclos, Goya, Saint-Just* », *The French Review*, XLVI, no. 5, April 1973, pp. 1024-5.

DORIAN, Jean-Pierre, « La Chronique de Jean-Pierre Dorian : Les jours et les plaisirs », *Matulu*, 3ᵉ année, nº 25, mai 1973, p. 12.

DUMUR, Guy, « Deux livres sur un grand personnage romanesque : André Malraux », *24-Heures*, 6-7 oct. 1973.
[c.r. de PAYNE et LACOUTURE]

DUNOYER, Jean-Marie, « En bref. Rétrospective André Malraux à la Fondation Maeght », *Le Monde* [*des arts et des spectacles*], 15 juin 1973.

DUNOYER, Jean-Marie, « Le Choix d'une carrière à vingt ans : Quand Claude Aveline était l' " éditeur d'art " », *Le Monde* [*aujourd'hui*], 24-25 juin 1973.

DUNOYER, Jean-Marie, « Malraux chez Maeght », *Le Monde* [*des arts et des spectacles*], 13 juill. 1973.

DUNOYER, Jean-Marie, « Hommage aux maquisards savoyards : M. André Malraux a inauguré le monument d'Émile Gilioli sur le Plateau des Glières », *Le Monde*, 4 sept. 1973.

ELBE, Marie, « Clara parle de Malraux », *Paris-Match*, 27 oct. 1973.

FESQUET, Henri, « L'Avenir de l'Église est-il si sombre ? », *Le Monde*, 14-15 oct. 1973.
[allusion à Malraux (sur l'attachement de Malraux à la valeur transcendantale de la religion)]

FLORENNE, Yves, « André Malraux devant son peintre », *La Nouvelle revue des deux mondes*, n.s., nº 8, août 1973, pp. 310–9.
[c.r. de LACOUTURE]

• *Fondation Maeght. Exposition André Malraux. Saint-Paul. Du 13 juillet au 30 septembre* [*1973*]. *Miniguide.* [Saint-Paul Fondation Maeght, 1973], *1 feuille n.p.*

FORTIER, Paul A., « Structuration mythique de *La Voie royale* », pp. 41–52 in *André Malraux 2*.

167

FURET, François, « Les Manteaux d'André Malraux », *Le Noubel observateur*, 4–10 juin 1973.

[c.r. de LACOUTURE]

GABORY, Georges, « Au temps du " farfelu " », *Magazine littéraire*, n° 79-80, sept. 1973, pp. 13–5.

GARAFOLO, Jacky, « Malraux : Retour des Indes », *Paris-Match*, 2 juin 1973.

GARSCHEN, Karsten, « Balz, Heinrich : *Aragon—Malraux—Camus. Korrektur am literarischen Engagement* », *Kritikon Litterarium*, 2. Jg., Heft 1, 1973, pp. 29-30.

GAY-CROSIER, Raymond, « Heinrich Balz, *Aragon—Malraux—Camus. Korrektur am literarischen Engagement* », pp. 255–64 in *Albert Camus 5 (1972)* : « *Journalisme et politique—l'entrée dans l'histoire (1938–1940)* ». Textes par André Abbou et Jacqueline Lévi-Valensi. Volume publié sous la direction de Brian T. Fitch. Paris, Lettres Modernes, 1973, 332 p. (*La Revue des lettres modernes*, n°s 315–322).

GERSHMAN, Herbert S., « La Forme spatiale dans les premiers " romans " d'André Malraux », pp. 21–39 in *André Malraux 2*.

GRANDMAISON, Le Breton, « À la recherche des vers blancs. II. De Barrès aux écrivains d'aujourd'hui », *Vie et langage*, n° 257, août 1973, pp. 462–6.

[p. 464]

GREEN, Julien, *Journal*. [Tome I.] *1926–1934. Les Années faciles*. Précédé d'une note liminaire de E. J. et d'une « Note des éditeurs ». Paris, Plon/Le Livre de Poche, 1973, 498 p. (Coll. « Le Livre de poche », 3703).

[pp. 62-3, 78, 86, 99, 146, 147, 224 et 364]

GROSJEAN, Jean, « Jean Lacouture : *André Malraux* », *La Nouvelle revue française*, XLII, n° 249, sept. 1973, pp. 87–9.

[GUICHARD, Olivier,] « Une Relation privilégiée. Entretien avec Olivier Guichard », *Magazine littéraire*, n° 79-80, sept. 1973, pp. 29-30.

[propos recueillis par Jean-Jacques BROCHIER]

GUISSARD, Lucien, « Robert Payne : Une biographie de Malraux ; Geoffrey Harris : *Éthique et esthétique chez Malraux* », *La Croix*, 4-5 févr. 1973.

168

HASSELROT, Bengt, « Répartition des modes après " il semble que " : Essai de statistique comparée », *Revue romane*, VIII, fasc. 1-2, 1973, pp. 70-80.

[p. 77]

HENEIN, Georges, « Biographie : André Malraux vu par Jean Lacouture », *L'Express*, 28 mai–3 juin 1973.

HOY, Peter C., « Carnet bibliographique 1969–1971 », pp. 174–207 in *André Malraux 2*.

HOY, Peter C., « Un Événement littéraire : les *Antimémoires* de Malraux. Complément 1967–1972 », pp. 172-3 in *André Malraux 2*.

JAMES, Geneviève Liu, « Du faire à l'être : André Malraux et l'Orient », *Dissertation Abstracts International*, vol. 34, no. 6, Dec. 1973, pp. 3402-3A.

[résumé d'une thèse de Columbia University, 1969, 490 p.]

JANNOUD, Claude, « Malraux, un conquérant dans le siècle », *Le Figaro littéraire*, 2 juin 1973.

[c.r. de LACOUTURE]

[JOUFFROY, Alain,] « Un Entretien d'Alain Jouffroy avec André Miguel », *Sud*, no 11, 1973, pp. 81–91.

[p. 85]

JUNOD, Roger-Louis, *Écrivains français du XXe siècle*. 2e édition revue et augmentée. Lausanne, Payot, 1973, 224 p.

[pp. 96–104 : « André Malraux »]

KANTERS, Robert, *L'Air des lettres ou Tableau raisonnable des lettres françaises d'aujourd'hui*. Paris, Bernard Grasset, 1973, 524 p.

[p. 161 : « André Malraux », et pp. 162-5 : « *Antimémoires* »]

KERN, Anne-Brigitte, « Je ne reviendrai plus à Malraux », *Magazine littéraire*, no 79-80, sept. 1973, pp. 31-2.

[*Antimémoires*]

KLINE, T. Jefferson, « *Le Temps (du mépris)* retrouvé », pp. 75–92 in *André Malraux 2*.

L., M., « Événements : Malraux », *Magazine littéraire*, no 78, juill.-août 1973, p. 28.

[note sur LACOUTURE]

Lacasse, Rodolphe, « Pascal Sabourin. *La Réflexion sur l'art d'André Malraux : Origines et évolution* », *Présence francophone*, n° 6, printemps 1973, pp. 167-8.

● Lacasse, Rodolphe, *Hemingway et Malraux. Destins de l'homme*. Montréal, Éditions Cosmos, 1973, 336 p. (Coll. « Profils », 6).

[thèse, Fribourg, 1972, sous le titre : « L'Homme et son destin dans les œuvres romanesques de Hemingway et Malraux »]

Lacouture, Jean, « Malraux et Trotski », *Le Nouvel observateur*, 7–13 mai 1973.

Lacouture, Jean, « Rendre à Trotski », *Le Nouvel observateur*, 14–20 mai 1973.

[précisions à propos de l'article précédent]

Lacouture, Jean, « Le Malraux imaginaire », *Le Nouvel observateur*, 9–15 juill. 1973.

Lacouture, Jean, « André Malraux et Drieu La Rochelle », *Le Monde* [*des livres*], 2 août 1973.

[c.r. de 1972 *André Malraux 1*]

Lacouture, Jean, « L'Aventure indochinoise », *Magazine littéraire*, n° 79-80, sept. 1973, pp. 16–8.

● Lacouture, Jean, *André Malraux. Une vie dans le siècle.* Paris, Seuil, 1973, 425 p.

L[anglois], W[alter] G., « Présentation », pp. 3–5 in *André Malraux 2*.

Langlois, Walter G., « Aux sources de *L'Espoir* : Malraux et le début de la guerre civile en Espagne », pp. 93–133 in *André Malraux 2*.

Langlois, Walter G., « Malraux romancier devant le monde anglo-saxon », pp. 137–52 in *André Malraux 2*.

Lassaigne, Jacques, « Un Système d'assimilation », *Les Nouvelles littéraires*, 16–23 juill. 1973.

[Lecoultre, H.,] « Correspondance : Les libres penseurs et M. Malraux », *Le Monde*, 24 oct. 1973.

[lettre commentant l'article d'Henri Fesquet]

Leduc, Violette, *La Folie en tête.* Paris, Gallimard, 1973, 586 p. (Coll. « Folio », 483).

[p. 115]

170

LÉVI-VALENSI, Jacqueline, « L'Engagement personnel », pp. 83–106 in *Albert Camus 5 (1972)* : « *Journalisme et politique — l'entrée dans l'Histoire (1938-1940)*. » Textes par André Abbou et Jacqueline Lévi-Valensi. Volume publié sous la direction de Brian T. Fitch. Paris, Lettres Modernes, 1973, 332 p. (*La Revue des lettres modernes*, nᵒˢ 315–322).

LORIOT, Patrick, « Malraux, Drieu et " Bekaukia " », *Le Nouvel observateur*, 27 août–2 sept. 1973.
    [c.r. de 1972 *André Malraux 1*]

LORIOT, Patrick, « Un Musée pas imaginaire », *Le Nouvel observateur*, 25 juin–1ᵉʳ juill. 1973.
    [à propos de l'exposition à Saint-Paul-de-Vence]

MAGNAN, Jean-Marie, « Malraux entre le vécu et l'inventé », *La Quinzaine littéraire*, nᵒ 160, 16–31 mars 1973, pp. 13-4.
    [c.r. de PAYNE]

MALRAUX, Clara, *Voici que vient l'été. Le bruit de nos pas, IV.* Paris, Bernard Grasset, 1973, 287 p.

MARION, Denis, « Comment fut tourné *Espoir* », *Magazine littéraire*, nᵒ 79-80, sept. 1973, p. 26.

MASSON, André, « En pensant à André Malraux », pp. 9–11 in *André Malraux. Fondation Maeght.*

MATZNEFF, Gabriel, « Les Carnets de Gabriel Matzneff », *Les Nouvelles littéraires*, 10–17 sept. 1973.
    [commentaires sur les rapports Malraux—Drieu La Rochelle]

M[AUREL], J[ean]-P[ierre], « La Semaine des livres. Histoire littéraire : *Malraux*, par Robert Payne », *Les Nouvelles littéraires*, 5–11 févr. 1973.

MICHA, René, « Rêverie zénonienne sur le cinéma », pp. 25–38 in *Mobiles. Essais sur la notion de mouvement. 1.* Numéro préparé par Anne Fabre-Luce. Paris, Éditions Klincksieck, 1973, 132 p. (Numéro spécial des *Cahiers du XXᵉ siècle*, nᵒ 1, 1973).
    [voir pp. 29-30 et 33]

MONTALBETTI, Jean, « *Malraux*, par Robert Payne », *Magazine littéraire*, nᵒ 79-80, sept. 1973, p. 33.

MORAUD, Yves, « Passion et sérénité dans les œuvres de Giraudoux, Malraux, Ionesco », pp. 705-15 in *Missions et démarches de la critique.* Mélanges offerts au professeur J. A. Vier. Ouvrage publié avec le concours de l'Université de Haute-Bretagne. Paris, Klincksieck, 1973, 850 p. (Coll. « Publications de l'Université de Haute-Bretagne »).

NÉRET, Gilles, « Malraux, le Saturnien du Scorpion », *L'Œil*, n° 217-218, août-sept. 1973, pp. 60-1.

P., R., « Notes bibliographiques. A. Malraux », *Les Lettres romanes*, XXVII, n° 4, nov. 1973, p. 421.

> [c.r. de 1972 *André Malraux 1*]

P[ASSERON], A[ndré], « Paroles et écrits politiques de Malraux », *Le Monde [des livres]*, 15 févr. 1973.

> [c.r. de *Malraux. Paroles et écrits politiques* (Paris, *Espoir. Revue de l'Institut Charles-de-Gaulle*/Plon, 1973)]

● PAYNE, Robert, *Malraux*. Traduction de Pierre Rocheron. Paris, Buchet/Chastel, 1973, 382 p.

> [traduction de 1970 PAYNE]

PELLATION, Jean-Paul, « Robert Payne : *Malraux* », *Coopération*, 4 oct. 1973.

PEYRE, Henri, « Malraux le romantique », pp. 7–20 in *André Malraux 2.*

PICON, Gaëtan, « À Saint-Paul-de-Vence : Le musée selon Malraux — une confrontation de métamorphoses », *Les Nouvelles littéraires*, 16–23 juill. 1973.

PLUMYÈNE, Jean, « Littérature et nationalisme », *Magazine littéraire*, n° 83, déc. 1973, pp. 23–7.

> [interview : propos recueillis par Jean-Jacques BROCHIER (p. 25 sur Malraux)]

POIROT-DELPECH, Bertrand, « Ce siècle avait un an... *André Malraux*, de Jean Lacouture », *Le Monde [des livres]*, 24 mai 1973.

POIROT-DELPECH, Bertrand, « La Voie royale du mythe : *Voici que vient l'été*, de Clara Malraux ; *L'Enfant du rire*, de Pierre Bockel », *Le Monde [des livres]*, 8 nov. 1973.

PORTAL, Georges, « De l' " engagement " », *Écrits de Paris*, n° 325, mai 1973, pp. 119–28.

PORTE, Guy, « L'Inauguration du "Message biblique" de Chagall à Nice : M. Maurice Druon invoque Dieu et "*La Condition humaine*" », *Le Monde*, 10 juill. 1973.

PORTE, Guy, « Quand Colette recopiait ses manuscrits pour un gigot », *Le Monde* [*des livres*], 13 déc. 1973.

[interview avec Richard Anacréon : Apollinaire, Gide, Malraux, *et al.*]

PRÉVOST, Claude, *Littérature, politique, idéologie*. Préface de Roland Leroy. Paris, Éditions Sociales, 1973, 278 p. (Coll. « Problèmes »).

[pp. 35–61 : « Un Écrivain de la " représentation " (les *Antimémoires* d'André Malraux »)]
[reprend le texte de 1969]

PRINCE, Gerald, « Introduction à l'étude du narrataire », *Poétique*, n° 14, 1973, pp. 178–96.

[pp. 190 et 193]

QUINTANA, J. Terrie, « L'Art ou l'homme ? Sur un livre de Pascal Sabourin », pp. 163–70 in *André Malraux 2*.

RHEIMS, Maurice, « Le Carnet du curieux : Le musée trop bien imaginé », *La Nouvelle revue des deux mondes*, n.s., n° 8, août 1973, pp. 487–90.

RHEIMS, Maurice, « Le Carnet du curieux : Vivant Denon, Nieuwerkerke, André Malraux, Maurice Druon », *La Nou. velle revue des deux mondes*, n.s., n° 11, nov. 1973, pp. 415–21-

[p. 420]

RICHARD, Lionel, « Le Militant des années trente », *Magazine littéraire*, n° 79-80, sept. 1973, p. 18.

S., C., « Télévision : Malraux, du geste à la parole », *Le Monde* [*aujourd'hui*], 8-9 juill. 1973.

[à propos de *Plein cadre*, spécial Malraux]

SAINT-BRIS, Gonzague, « Malraux à Drieu La Rochelle : Salut et fraternité », *Les Nouvelles littéraires*, 12–18 mars 1973.

[à propos de l'entretien paru dans 1972 *André Malraux 1*]

SAWICKI, Piotr, « *L'Espoir*, roman sur une révolution inventée. Remarques sur une crise idéologique dans l'œuvre de Malraux », *Romanica Wratislaviensia*, no. 9, 1973, pp. 33–43.

SCHNEIDER, Pierre, « Malraux-roi », *L'Express*, 23–29 juill. 1973.

[sur l'exposition à la Fondation Maeght]

SEGNAIRE, Julien, « L'Escadrille André Malraux », *Magazine littéraire*, n° 79-80, sept. 1973, pp. 22–5.

[propos recueillis par Jean-Jacques BROCHIER]

SPITÉRI, Gérard, « Le Musée selon Malraux », *Les Nouvelles littéraires*, 16–23 juill. 1973.

TERRASSE, Antoine, « André Malraux ou la puissance de l'espérance », *La Nouvelle revue française*, XLII, n° 252, déc. 1973, pp. 76–80.

THIBAUD, Paul, « Librairie du mois. Jean Lacouture : *André Malraux* », *Esprit*, 41e année, n° 430, déc. 1973, pp. 915–8.

TOUGAS, Gérard, *Les Écrivains d'expression française et la France*. Paris, Denoël, 1973, 269 p.

[pp. 116 et 257]

TOULAT, Jean, *Hérauts de notre temps. De Mauriac à Nana Mouskouri*. Mulhouse, Éditions Salvator ; Paris—Tournai, Casterman, 1973, 231 p.

[pp. 25–30 : « [André Malraux] » (interview avec Françoise VERNY)]

[VAN RYSSELBERGHE, Maria,] *Les Cahiers de la Petite Dame. Notes pour l'histoire authentique d'André Gide*. Tome I : *1918–1929*. Préface d'André Malraux. Avant-propos et notes de Claude Martin. Paris, Gallimard, 1973, XXXI–461 p. (Coll. « Cahiers André Gide », 4).

[pp. 356, 362, 366, 381, 382-3, 383-4, 394, 400 et 402]

VERCOUSTRE, Philippe, o.p., « *André Malraux, une vie dans le siècle*, de Jean Lacouture », *Eaux vives*, n° 352, sept. 1973, pp. 22–5.

VIANSSON-PONTÉ, Pierre, « Un Certain silence », *Le Monde [aujourd'hui]*, 21-22 janv. 1973.

[Aragon, Camus, Malraux, Montherlant, Sartre, *et al.*]

VIANSSON-PONTÉ, Pierre, « Un Portrait de Robert Payne : Malraux déchiffré, l'énigme demeure », *Le Monde [des livres]*, 8 févr. 1973.

W., J., « Malraux et Dali à Babylone », *Le Figaro*, 23-24 juin 1973.

[à propos de *Roi, je t'attends à Babylone*]

WALZER, Pierre-Olivier, « Malraux sorti de sa légende ? », *Journal de Genève*, 17-18 mars 1973.

YSMAËL, Pierre, « La Voix du R.P.F. », *Magazine littéraire*, n° 79-80, sept. 1973, pp. 27–9.

174

YUAN, Chang Mei, « André Malraux et la Chine à travers le confucianisme et le taoisme », *Mélanges Malraux Miscellany*, V, no. 1, Spring 1973, pp. 8–20.

ZIMA, Pierre V., *Goldmann. Dialectique de l'immanence*. Paris, Éditions Universitaires, 1973, 135 p. (Coll. « Psychothèque », 22).

[pp. 115-9 sur Goldmann critique de Malraux]

1974

(classement alphabétique des périodiques contenant des articles anonymes)

Bulletin critique du livre français (1974)
***, « Malraux (Clara). *Voici que vient l'été. Le bruit de nos pas, IV* » (n⁰ 338, févr., p. 160).

***, « Malraux (André). *La Tête d'obsidienne* » (n⁰ 344-345, août-sept., p. 1034).

L'Est républicain (1974)
***, « Longue interview à *Newsweek*. Malraux de plus en plus désabusé » (8 août).

L'Express (1974)
***, « En vedette » (24–30 juin).
[Fred Zinnemann renonce à tourner *La Condition humaine*]

***, « Les Livres qui vous " arrachent ". Les meilleurs dans leurs catégories » (24–30 juin).
[*La Tête d'obsidienne, et al.*]

Le Figaro (1974)
***, « André Malraux dialogue avec Picasso » (13 févr.).

***, « Interrogé par le juge d'instruction, Fernand Legros invoque le témoignage d'André Malraux » (6 mai).

[*littéraire*] ***, « La Rentrée 1974 en toutes lettres, de A... jusqu'à Y » (31 août).

***, « Un Inédit de Malraux : " La croissance de l'art moderne " » (7 nov.).

Guilde du livre (1974)

***, « *Malraux, La voix de l'Occident*. Entretiens de **Guy Sua-rès** avec André Malraux et José Bergamin » (nᵒ 6, juin, pp. 168-9).

Magazine littéraire (1974)

***, « Événements. Malraux tel qu'en lui » (nᵒ 88, mai, p. 43).
  [note sur SUARÈS]

Le Monde (1974)

***, « La Rentrée chez les éditeurs (*suite*) : La parole est à la mémoire » (6 sept.).

[*des livres*] ***, « Le Triptyque d'André Malraux » (4 oct.).
  [à propos de la *Métamorphose des dieux*]

***, « *Lazare* et *L'Irréel* : Malraux et la mort » (25 oct.).

Les Nouvelles littéraires (1974)

***, « Informations — spectacles » (17–23 juin).

***, « Littérature » (11–17 nov.).

Le Nouvel observateur (1974)

***, « On en parlera demain : De Gaulle — Malraux (*suite*) » (4–10 févr.).

***, « On en parlera demain : Malraux sur Picasso » (11–17 févr.).

***, « L'Esprit et la lettre : Malraux en vitrine » (16–22 sept.).

***, « Les Vertiges de Malraux » (28 oct.–3 nov.).

***, « On en parlera demain : Sartre et Malraux contre l'UNESCO » (18–24 nov.).

La Nouvelle revue française (XLIII, 1974)

***, « Revue des revues » (nᵒ 258, juin, pp. 114–9).
  [pp. 114-5 : « Un Jeune écrivain »]

Paris-Match (1974)

***, « Malraux au pied de Fuji-Yama » (1ᵉʳ juin).
  [photo-reportage]

27 rue Jacob (1974)

***, « Jean Lacouture reçoit le Prix Aujourd'hui pour sa biographie *André Malraux, une vie dans le siècle* » (nᵒ 173, janv., n. p.).

ALBÉRÈS, R.-M., « Critique ouverte : La chasse aux dieux », *Les Nouvelles littéraires*, 18–24 mars 1974.

[*La Tête d'obsidienne*]

ALBÉRÈS, R.-M., *Littérature, horizon 2000*. Paris, Éditions Albin Michel, 1974, 277 p.

[pp. 109-10, 119 et 121]

ANGLÈS, Auguste, « André Gide, la Petite Dame et André Malraux », *Bulletin des Amis d'André Gide*, 7e année, no 23, juill. 1974, pp. 3–8.

B., G., « Malraux devant les miroirs », *Guilde du livre. Bulletin mensuel*, no 10, oct. 1974, p. 314.

BACHAND, Jacques, « Un Autre Malraux d'avant. Relecture de *La Tentation de l'Occident* », *Protée*, vol. 3, no 2, printemps 1974, pp. 37–52.

BEIGBEDER, Yves, « L'Inde dans l'œuvre d'André Malraux », *Mélanges Malraux Miscellany*, VI, no. 2, Autumn 1974, pp. 3–20.

BELMANS, Jacques, *Le Cinéma et l'homme en état de guerre*. Bruxelles, André De Rache, éditeur, 1974, 171 p. (Coll. « Mains et chemins », 10).

[pp. 29 et 114 sur *Espoir*]

BODIN, Thierry, « La Bibliophilie en France en 1973 », *Librarium*, 17. Jahr, Heft III, Dez. 1974, pp. 156–61.

[p. 160 sur l'Exposition Maeght]

BONHEUR, Gaston, « Le Tombeau imaginaire », *La Table ronde. Cahiers*, no 6-7, printemps-été 1974, pp. 11–3.

BRINCOURT, André, « Revues. Lettres de tous les temps », *Le Figaro littéraire*, 9 févr. 1974.

[c.r. de 1973 *André Malraux 2, et al.*]

BRINCOURT, André, « " Du fond de l'inconnu " », *Le Figaro littéraire*, 16 févr. 1974.

[à propos du premier extrait de *La Tête d'obsidienne*]

BRINCOURT, André, « Le Grand sorcier », *Le Figaro littéraire*, 23 févr. 1974.

BRINCOURT, André, « À l'écoute de France-Inter : André Malraux à " Radioscopie " », *Le Figaro*, 8 mars 1974.

177

BRINCOURT, André, « Ce soir à la télévision — André Malraux : Introduction au Musée imaginaire », *Le Figaro*, 15 mars 1974.

[avec des extraits de l'entretien avec Jean-Marie Drot diffusé le 15 mars 1974 à 20 h 30 (Chaîne 1)]

BRINCOURT, André, « Malraux : L'image d'une pensée », *Le Figaro littéraire*, 30 mars 1974.

[c.r. de SUARÈS, *Malraux, celui qui vient*]

BRINCOURT, André, « Berl et Malraux : Chassé-croisé », *Le Figaro littéraire*, 1er juin 1974.

[*La Tête d'obsidienne*]

BRINCOURT, André, « Trois entretiens sur l'art avec André Malraux : Les œuvres et les lumières », *Le Figaro*, 5 juin 1974.

BRINCOURT, André, « L'Image d'une pensée », *Guilde du livre. Bulletin mensuel*, no 9, sept. 1974, pp. 268-9.

[c.r. de SUARÈS, *Malraux, la voix de l'Occident*]

BRINCOURT, André, « Une Même interrogation », *Le Figaro littéraire*, 28 sept. 1974.

[sur le texte inédit de Malraux, « Bernanos, le dernier de la pitié sacrée »]

BRINCOURT, André, « Lève-toi et marche... », *Le Figaro littéraire*, 2 nov. 1974.

[*Lazare*]

BRINCOURT, André, « De *L'Irréel* à *L'Intemporel* », *Le Figaro littéraire*, 9 nov. 1974.

[en guise d'introduction à « La Naissance de l'art moderne »]

BUFFLE, Jean-Claude, « Roman et poésie. Malraux : Comme un acrobate de trapèze, il dialogue en rebondissant d'idée en idée », *Journal de Genève*, 6-7 avril 1974.

[*La Tête d'obsidienne*]

Ch., G., « Livres d'art », *Les Nouvelles littéraires*, 9–15 déc. 1974.

[*L'Irréel*, entre autres]

CHAVARDÈS, Maurice, « Malraux sous un certain éclairage », *La Quinzaine littéraire*, no 178, 1er–15 janv. 1974, pp. 14-5.

[c.r. de 1973 Clara MALRAUX]

178

CHIMOT, Jean-Philippe, « André Malraux et le musée imaginaire. Un type de discours régressif », *La Nouvelle critique*, n.s., n° 71, févr. 1974, pp. 61–4.

CLAVEL, Maurice, « Télévision : Le fantôme de Malraux », *Le Nouvel observateur*, 29 avril–5 mai 1974.

CLUNY, Claude-Michel, « La Fiction devenue temple », *Magazine littéraire*, n° 95, déc. 1974, pp. 52–4.
  [*L'Irréel*]

D., Cl., « Bibliographie. Essais. André Malraux : *Lazare* », *Revue générale : Lettres, arts et sciences humaines*, n° 12, déc. 1974, pp. 105-6.

D., Cl., « Bibliographie. Essais. André Malraux : *L'Irréel* », *Revue générale : Lettres, arts et sciences humaines*, n° 12, déc. 1974, p. 105.

DEBIDOUR, V.-H., « *L'Irréel*, par André Malraux », *Le Bulletin des lettres*, 35ᵉ année, n° 362, 15 nov. 1974, pp. 291-2.

DEDET, Christian, « Librairie du mois. Clara Malraux : *Voici que vient l'été* », *Esprit*, 41ᵉ année, n° 431, janv. 1974, pp. 172-3.

DELAVENAGE, Frédéric, « Malraux, la parole », *Guilde du livre. Bulletin mensuel*, n° 8, août 1974, pp. 246–9.

DELORME, Albert, « Deux portraits de Malraux », *Revue de synthèse*, XCV, n° 75-76, juill.–déc. 1974, pp. 396–9.

DEMORIANE, Hélène, « Livres d'art », *Le Point*, 9 déc. 1974.
  [*L'Irréel*, entre autres]

DORENLOT, Françoise E., « Jenkins, Cecil. *André Malraux* », *The Modern Language Journal*, LVIII, no. 3, March 1974, pp. 141-2.

DUMUR, Guy, « Du mépris à l'espoir », *Le Nouvel observateur*, 29 avril–5 mai 1974.

D[UNOYER], J[ean]-P[ierre], « Deux essais de Malraux. *L'Irréel* : Les splendeurs de l'illusion », *Le Monde* [*des livres*], 25 oct. 1974.

DUNOYER, Jean-Marie, « Radio-télévision : André Malraux aux prises avec l'art. Les métamorphoses du regard », *Le Monde* [*aujourd'hui*], 2-3 juin 1974.

179

DUNOYER, Jean-Marie, « Deux essais de Malraux. *Lazare* : Antimémoires d'outre-tombe », *Le Monde* [*des livres*], 25 oct. 1974.

DUTOURD, Jean, « Peut-on encore être romancier ? », *Paris-Match*, 20 avril 1974.

DUVIGNAUD, Jean, « L'Imaginaire en tranches », *Le Nouvel observateur*, 28 oct.–3 nov. 1974.
   [*L'Irréel*]

FERRIER, Jean-Louis, « La Bouche d'ombre », *L'Express*, 11–17 mars 1974.
   [*La Tête d'obsidienne*]

FERRIER, Jean-Louis, « Malraux : La 2e métamorphose », *L'Express*, 28 oct.–3 nov. 1974.
   [*L'Irréel*]

FLORENNE, Yves, « Revue des revues. La rose et le noir », *Le Monde* [*aujourd'hui*], 29-30 déc. 1974.
   [commentaires sur PALEWSKI]

FREUSTIÉ, Jean, « Le Gros bout de la lorgnette », *Le Nouvel observateur*, 28 janv.–3 févr. 1974.

FROSSARD, André, « Cavalier seul : Un point acquis », *Le Figaro*, 12 mars 1974.
   [*Voici que vient l'été*]

FROSSARD, André, « L'Œil écoute : Le gaullisme aujourd'hui », *Le Point*, 29 avril 1974.

FROSSARD, André, « Cavalier seul. Inchangé », *Le Figaro*, 11-12 mai 1974.
   [à propos de la petite phrase de Malraux sur les communistes et les gaullistes]

GAILLARD, Pol, « *André Malraux, 1. Du " farfelu " aux " Antimémoires "*. Textes réunis par Walter G. Langlois ». *Revue d'histoire littéraire de la France*, 74e an., n° 3, mai-juin 1974, pp. 528-9.

GALLO, Max, « Littérature. Un dialogue de Malraux avec la mort », *L'Express*, 28 oct.–3 nov. 1974.
   [*Lazare*]

GAUCHER, Roland, *Histoire secrète du parti communiste français (1920-1974)*. Paris, Albin Michel, 1974, 704 p.

[pp. 178, 249 et 432]

GAZIGNAIRE, Jean-Louis, « Coup d'œil — chaîne III : Quelle harmonisation ? », *Le Figaro*, 16-17 mars 1974.

GOOSSE, Marie-Thérèse, « Gaillard (Pol), *André Malraux*, et Galante (Pierre), *Malraux* », *Revue belge de philologie et d'histoire*, LII, n° 1, 1974, pp. 230-1.

GOREZ, Jean, « André Malraux : *La Tête d'obsidienne* », *Le Bulletin des lettres*, 35e année, n° 361, 15 oct. 1974, p. 379.

GRACQ, Julien, *Lettrines 2*. Paris, José Corti, 1974, 244 p.

[p. 69]

HARRIS, Geoffrey T., « Rodolphe Lacasse, *Hemingway et Malraux, destins de l'homme* », *Mélanges Malraux Miscellany*, VI, no. 1, Spring 1974, pp. 25–7.

JARDIN, Claudine, « De la liberté de créer un livre, un tableau, un enfant... », *Le Figaro littéraire*, 5 janv. 1974.

[c.r. de 1973 Clara MALRAUX]

KERCHOVE, Arnold de, « Jean Cayrol, Michel Mohrt, Bernard Gavoty et André Malraux », *Revue générale : Lettres, arts et sciences humaines*, n° 5, mai 1974, pp. 81–4.

[p. 84 sur *La Tête d'obsidienne*]

KOHLER, Arnold, « Malraux, *La Voix de l'Occident* », *Guilde du livre. Bulletin mensuel*, n° 12, déc. 1974, pp. 347–9.

L[ACOUTURE], J[ean], « Picasso de tous les siècles », *Le Nouvel observateur*, 18–24 mars 1974.

[*La Tête d'obsidienne*]

LAFFLY, Georges, « André Malraux, *La Tête d'obsidienne* », *Itinéraires*, n° 184, juin 1974, pp. 178–80.

LAURENTIN, René, « André Malraux, Bernadette et la Vierge de Cambrai », *Le Figaro littéraire*, 13 avril 1974.

M., J., « L' " enlèvement " de la " Nymphe " de Maillol », *Le Monde*, 29-30 déc. 1974.

[évoque les sculptures de Maillol placées par Malraux dans les jardins des Tuileries]

MADAULE, Jacques, « Un Miroir magique », *Europe*, 52e année, n° 542, juin 1974, pp. 213–5.

[*La Tête d'obsidienne*]

[MAEGHT, Aimé], « Aimé Maeght, mécène », *Le Monde* [*des arts et des spectacles*], 1er août 1974.

[MALRAUX, Clara], « Clara Malraux, quelqu'un d'avant le péché », *Magazine littéraire*, n° 87, avril 1974, pp. 45-6.

[interview autour de *Voici que vient l'été* : propos recueillis par Pierre BOUDOT]

MARISSEL, André, « André Malraux : *La Tête d'obsidienne* », *Esprit*, XLII, n° 434, avril 1974, pp. 747–9.

MAURIAC, Claude, « Les Écrivains du mardi », *Le Figaro*, 2 avril 1974.

MICHALCZYK, John J., « Malraux : Le cinéma et la condition humaine », *Cinéma 74*, n° 183, janv. 1974, pp. 63–7.

MONTALBETTI, Jean, « Malraux, la mort en face », *Magazine littéraire*, n° 94, nov. 1974, pp. 54-5.

[*Lazare*]

NADEAU, Maurice, « Malraux devant sa propre mort », *La Quinzaine littéraire*, n° 198, 16–30 nov. 1974, pp. 3, 5.

[*Lazare*]

NUCÉRA, Louis, « La Guerre contre la mort d'André Malraux », *Magazine littéraire*, n° 87, avril 1974, pp. 43-4.

[*La Tête d'obsidienne*]

PALEWSKI, Gaston, « De Gaulle et Malraux », *La Nouvelle revue des deux mondes*, n.s., n° 12, déc. 1974, pp. 513–24.

PICHOIS, Claude, « Petite histoire d'un tabou ou les présupposés de l'antibiographisme », pp. 345–55 in *Approches des Lumières*. Mélanges offerts à Jean Fabre. Paris, Éditions Klincksieck, 1974, xxv–577 p. (Coll. « Bibliothèque française et romane. Série C : Études littéraires »).

[pp. 347-8 sur Malraux et ses biographes]

POIROT-DELPECH, Bertrand, « Un Certain bruit d'abeilles... *La Tête d'obsidienne*, d'André Malraux », *Le Monde* [*des livres*], 22 mars 1974.

POIROT-DELPECH, Bertrand, « Extra-lucides : *Avenir*, d'Emmanuel Berl ; *Malraux, celui qui vient*, de Guy Suarès », *Le Monde* [*des livres*], 10 mai 1974.

REYMONT, Charles-Henry, « Jean Lacouture : *André Malraux, une vie dans le siècle* », *Europe*, 52e année, no 539, mars 1974, pp. 342-3.

RIEUNEAU, Maurice, *Guerre et révolution dans le roman français de 1919 à 1939*. Paris, Klincksieck, 1974, 627 p.

[pp. 313–39 : « André Malraux et la guerre réhabilitée (1928–1933) » et pp. 513–31 : « *L'Espoir* (1937) d'André Malraux, de la tragédie à l'épopée »]

ROUART, Jean-Marie, « Chronique. Malraux : Le silence et la gloire », *Le Figaro*, 3 avril 1974.

[voir l'article de STÉPHANE]

ROY, Claude, « Le " petit tas de secrets " », *Le Nouvel observateur*, 28 oct.–3 nov. 1974.

[*Lazare*]

ROYER, Jean-Michel, « Eux », *Le Point*, 29 avril 1974.

[la visite de Malraux à Trotski dans *Stavisky* d'Alain Resnais]

SAINT-JEAN, Robert DE, *Journal d'un journaliste*. Paris, Grasset, 1974, 378 p.

[pp. 19-20, 37, 44–7, 52, 159-60, 190–4, 132-3, 271]

SALACHAS, Gilbert, « Télévision. Vendredi 15. 20 h 30 (1re) : Dialogues avec André Malraux. Émission de Jean-Marie Drot », *Le Point*, 11 mars 1974.

SALACHAS, Gilbert, « Télévision. Mercredi 26. 20 h 40 (3e) : André Malraux, métamorphoses du regard. Émission réalisée par Clovis Prévost », *Le Point*, 24 juin 1974.

SEYLAZ, Jean-Luc, *La Quintefeuille : Cinq études sur Balzac, Nerval, Flaubert, Malraux, Robbe-Grillet*. Lausanne, L'Aire, Coopérative Rencontre, 1974, 146 p.

[pp. 91–121 : « Malraux : " La descente de la montagne " »]

S[PITÉRI], G[érard], « Les Dieux n'ont pas d'histoire », *Les Nouvelles littéraires*, 11–17 nov. 1974.

[*L'Irréel*]

SPITÉRI, Gérard, « Que philosopher c'est apprendre à agir », *Les Nouvelles littéraires*, 11–17 nov. 1974.

[*Lazare*]

183

STÉPHANE, Roger, « Chronique : Qu'au moins il se taise »,
Le Figaro, 5 avril 1974.

[réponse à ROUART (3 avril)]

[SUARÈS, Guy,] « Pourquoi Malraux ? Entretien avec **Guy**
Suarès, l'auteur de *La Voix de l'Occident* », *Guilde du livre*,
n° 7, juill. 1974, pp. 194–7.

[entretien recueilli par LES CHEVAUX-LÉGERS]

[SUARÈS, Guy,] *Malraux, celui qui vient*. Entretiens 1973, par
André Malraux, Guy Suarès, José Bergamin. Paris, Stock,
1974, 188 p. (Coll. « Livre caméra »).

TAUXE, Henri-Charles, « Littérature. Quand Malraux dialo-
guait avec Picasso — *La Tête d'obsidienne* », *24-Heures*,
16-17 mars 1974.

TERRASSE, Antoine, « André Malraux et les questions inépuisables », *La Nouvelle revue française*, XLIII, n° 258, juin
1974, pp. 62–5.

[*La Tête d'obsidienne*]

TOURNIER, Michel, « Malraux explore Picasso », *Le Point*,
4 mars 1974.

[*La Tête d'obsidienne*]

[VAN RYSSELBERGHE, Maria,] « Histoire d'une pièce mal fichue :
La '' Petite Dame '' et *Robert ou l'intérêt général*. Fragments
inédits des *Cahiers* de Maria Van Rysselberghe, présentés
par Claude Martin », pp. 133–58 in *André Gide 4 (1973)* :
'' *Méthodes de lecture* ''. Textes réunis et présentés par Claude
Martin. Paris, Lettres Modernes, 1974, 270 p. (*La Revue des
lettres modernes*, n°s 374–379).

[p. 147]

VANDEGANS, André, « G. T. Harris, *André Malraux : L'éthique
comme fonction de l'esthétique* », *Revue d'histoire littéraire de
la France*, 74e an., n° 3, mai-juin 1974, pp. 531-2.

VANDEGANS, André, « Pascal Sabourin, *La Réflexion sur l'art
d'André Malraux. Origines et évolution* », *Revue d'histoire
littéraire de la France*, 74e an., n° 3, mai-juin 1974, pp. 529–31.

184

VANDEGANS, André, « André Malraux et l'obsession de la transcendance », *Les Lettres romanes*, XXVIII, no 3, août 1974, pp. 211-24.

VAUCAIRE, Michel, « La Bibliophilie : Les hauts et les bas », *Magazine littéraire*, no 85, févr. 1974, p. 67.

VEENSTRA, J. H. W., « Eddy du Perron et la France », *Septentrion*, 3e an., no 3, déc. 1974, pp. 71–84.

[traduit du néerlandais par Willy Devos ; pp. 78-9, 80 et 81 sur du Perron traducteur de Malraux]

VERCOUSTRE, Philippe, *o.p.*, « Métaphysique de la guerre et de la paix », *Eaux vives*, no 356, janv. 1974, pp. 10–2.

[p. 11]

VERCOUSTRE, Philippe, *o.p.*, « *La Tête d'obsidienne*, d'André Malraux », *Eaux vives*, no 364, oct. 1974, pp. 19-20.

WALTER, Georges, « Parenthèses : Libérons les standards ! », *Le Figaro*, 12 mars 1974.

ZBINDEN, L.-A., « L'Air de Paris : Les musées imaginaires », *La Liberté*, 30-31 mars 1974.

[*La Tête d'obsidienne*]

1975

(Classement alphabétique des périodiques contenant des articles anonymes)

Bulletin critique du livre français (XXX, 1975)
***, « Langlois (Walter G.), sous la dir. de. *André Malraux, 2 : Visages du romancier.* Textes réunis par l'auteur » (n° 349, janv., p. 20).

***, « *Malraux* (André). *Lazare. Le Miroir des Limbes,* t. II » (n° 353, mai, p. 621).

Le Figaro (1975)
***, « Malraux : S'organiser pour survivre » (4-5 janv.).
[à propos du texte publié dans *Le Figaro littéraire* du 4 janvier]

***, « Rendu à Michel-Ange : Malraux attribue au sculpteur la primeur de l'expression du héros » (31 mai-1er juin 1975).
[à propos du texte du *Figaro littéraire*]

Lire (1975)
***, « Auteurs et éditeurs » (n° 1 [oct.], pp. 9, 11, 13-14).
[p. 13 sur *Hôtes de passage*]

***, « Guide *Lire* : Mémoires — *Hôtes de passage,* par André Malraux » (n° 3, déc., p. 209).

Le Monde (1975)
***, « La Rentrée littéraire : Cent quinze romans en cinq semaines » (29 août).
[Malraux, *et al.*]

Les Nouvelles littéraires (1975)
***, [Présentation de « Les Antichambres de la mort » de Malraux] (27 oct.–2 nov.).

AIMÉ-AZAM, Denise, « André Malraux : *Lazare* », *Le Bulletin des lettres*, 36e année, n⁰ 365, 15 févr. 1975, pp. 63-4.

ALBÉRÈS, R.-M., « Malraux des temps héroïques au " temps des limbes " : Dialogues au sommet », *Les Nouvelles littéraires*, 27 oct.–2 nov. 1975.

[*Hôtes de passsage*]

A[LBÉRÈS], R.-M., « Malraux, le plus pascalien », *Les Nouvelles littéraires*, 8–14 déc. 1975.

[c.r. de 1974 MARISSEL]

● *André Malraux 3. Influences et affinités.* Textes réunis et présentés par Walter G. LANGLOIS. Paris, Lettres Modernes, 1975, 222 p. (*La Revue des lettres modernes*, n⁰s 425–341).

[voir BOAK, BOURREL, DORENLOT, HARRIS, HEWITT, HOY, JAMES, JURT, LACOUTURE, LANGLOIS, MAGNAN (*voir* LACOUTURE), TISON-BRAUN]

BARONCELLI, Jean DE, « De Malraux à Braque : Deux films " complices " », *Le Monde* [*des arts et des spectacles*], 24 avril 1975.

[à propos de *La Métamorphose du regard* de Clovis Prévost et Terry Riley]

BAZIN, André, *Le Cinéma de l'Occupation et de la Résistance.* Préface et notes de François Truffaut. Paris, Union Générale d'Éditions/ 10/18, 1975, 194 p. (Coll. « Inédit/ 10/18 », 988).

[pp. 175–89 : « À propos de *L'Espoir* ou du style au cinéma »]
[reprend 1945 BAZIN]

BIONDI, Jean-Pierre, « Notes. Lettres, civilisation. *Lazare.* André Malraux », *Éthiopiques*, n⁰ 2, 1975, pp. 102–5.

BLANCHARD, J.-M., « Sémistyles : Le rituel de la littérature », *Semiotica*, vol. 14, n⁰ 4, 1975, pp. 297–328.

[pp. 320–5 sur Riffaterre critique des *Antimémoires*]

BOAK, Denis, « Malraux et Gide », pp. 31–49 in *André Malraux 3.*

BOISDEFFRE, Pierre DE, « La Revue littéraire : Le retour de Malraux », *La Nouvelle revue des deux mondes*, n.s., n⁰ 2, févr. 1975, pp. 407–16.

[à propos de la préface à *Journal d'un curé de campagne*, de *Lazare* et de *L'Irréel*]

BOUDOT, Pierre, *Nietzsche et les écrivains français, 1930 à 1960.* Paris, Aubier-Montaigne / Union Générale d'Éditions, 1975, 305 p. (Coll. « 10/18 », 937).

> [pp. 81–112 : « Le Défi du renoncement exemplaire : André Malraux »]
> [reprend le texte de 1970]

BOURDET, Claude, « Résistance : Ceux de Londres... Malraux : '' Revenez me voir '' », *Le Nouvel observateur*, 27 janv.– 2 févr. 1975.

> [récit d'un entretien à Cap-Martin (fin 1941 ou début 1942) ; extrait de *L'Aventure incertaine — De la Résistance à la Restauration* (Stock, 1975)]

BOURET, Jean, « Les Papiers du Barnabooth's Club », *Les Nouvelles littéraires*, 8–14 déc. 1975.

> [commentaires sur 1975 CAILLOIS]

BOURNEUF, Roland, *et* Réal OUELLET, *L'Univers du roman.* Paris, Presses Universitaires de France, 1975, 248 p. (Coll. « SUP : Littératures modernes », 2).

> [pp. 7, 11, 16, 21, 44, 45–7, 71, 116, 117, 124, 127, 152, 161, 163, 173-4 et 197]

BOURREL, Jean-René, « Malraux et la pensée allemande de 1921 à 1949 », pp. 103–34 in *André Malraux 3.*

BRINCOURT, André, « Gros plan sur Malraux et Braque », *Le Figaro*, 18 avril 1975.

> [à propos du film *André Malraux à la Fondation Maeght* (entretien avec André Parrot)]

BRINCOURT, André, « Le Miroir des Limbes », Le Figaro littéraire, 1er nov. 1975.

> [*Hôtes de passage*]

CAILLOIS, Roger, « Roger Caillois et la fin de l'art : Picasso le liquidateur », *Le Monde* [*des livres*], 28 nov. 1975.

CARRARD, Philippe, « Seylaz, Jean-Luc : *Quintefeuille. Cinq études sur Balzac, Nerval, Flaubert, Malraux, Robbe-Grillet* », *Mélanges Malraux Miscellany*, VII, nos. 1 and 2, Spring– Autumn 1975, pp. 52–5.

CARRARD, Philippe, « Les Vides du texte : Notes sur l'intervalle scénique dans *L'Espoir* », *Mélanges Malraux Miscellany*, VII, nos. 1 and 2, Spring–Autumn 1975, pp. 36–44.

CAZENAVE, Michel, « Deo ignoto André Malraux — *Lazare* », *L'Appel*, no 15, avril 1975, p. 41.

CHAI-SONG, Hong, « Les Adverbes de temps en -ment en tête de la phrase », *Le Français moderne*, 43ᵉ année, n° 2, avril 1975, pp. 148–57.

[p. 155 (exemple pris dans *L'Espoir*)]

CHAMSON, André, « *La Reconquête* [extraits ; présentation de L. R.] », *La Nouvelle revue des deux mondes*, n.s., n° 5, mai 1975, pp. 272–8.

[récit de la prise des Hauts de la Parère en octobre 1944]

CHIMAY, Jacqueline DE, « À bâtons rompus... », *La Nouvelle revue des deux mondes*, n.s., n° 9, sept. 1975, pp. 741–3.

[pp. 742-3 : « Malraux novateur : L'écrivain couronné pour son action exemplaire de sauvegarde »]

COPIZ, Pietro, « En relisant Bernanos. 1. Note bibliographique ; 2. Inédits ; 3. Chronologie ; 4. Encore des noms ; 5. Miscellanées ; 6. Coquilles », pp. 133–48 in *Études bernanosiennes 15. " Les Ténèbres " : Structure et personnages*. Textes réunis et présentés par Michel Estève. Paris, Lettres Modernes, 1975, 165 p. (*La Revue des lettres modernes*, nᵒˢ 409–412).

[pp. 133-4 : réponses d'André Malraux (du 11 août 1973) à quelques questions d'ordre biographique]

DIETSCH, Jean-Claude, « *L'Irréel* », *Études*, CCCXLII, mars 1975, pp. 460-1.

DORENLOT, Françoise, « Le Nouveau livre de Malraux », *Mélanges Malraux Miscellany*, VII, nos. 1 and 2, Spring–Autumn 1975, pp. 45–8.

[*La Tête d'obsidienne*]

DORENLOT, Françoise, « À la recherche d'André Malraux », pp. 186–203 in *André Malraux 3*.

[c.r. d'ouvrages de langue française : 1971 LORANT ; 1972 BRÉCHON, HARRIS ; 1973 PAYNE ; — de langue anglaise : 1972 JENKINS ; 1973 HIDDLESTON, KLINE]

DUTOURD, Jean, « Dans les *Hôtes de passage* Malraux vous dit comment il a vu Alexandre le Grand », *Paris-Match*, 11 oct. 1975.

● ELLIS, Elizabeth A., *André Malraux et le monde de la nature*. Paris, Lettres Modernes, 1975, 75 p. (Coll. « Archives des lettres modernes », n° 157, « Archives André Malraux », n° 4).

FLORENNE, Yves, « Revue des revues — *erratum* », *Le Monde* [*aujourd'hui*], 19-20 janv. 1975.

[correction au feuilleton de FLORENNE (29-30 déc. 1974) relative au portrait jumelé de Malraux et du général de Gaulle de G. Palewski]

GALEY, Matthieu, « Malraux : Méditations pour trois visiteurs », *L'Express*, 13–19 oct. 1975.

[*Hôtes de passage*]

G[ERMAIN]-T[HOMAS], O[livier], « La Vision du poète », *L'Appel*, n° 13, janv.-févr. 1975, p. 2.

[GIROUD, Françoise,] « Françoise Giroud aime lire », *Lire*, n° 1, oct. 1975, pp. 235, 237, 239–41, 243, 245-6.

[p. 240 : propos sur Malraux]

GRÉPON, M[arguerite], « *La Tête d'obsidienne*, par André Malraux ; *Lazare*, par André Malraux », *Rencontres artistiques et littéraires*, n°s 11-12-13, 1975, pp. 49-50.

HARRIS, Geoffrey T., « Hemingway, Malraux et la jeunesse d'Occident », pp. 51–81 in *André Malraux 3*.

HEIM, Michael, « La Littérature soviétique », pp. 89–99 in *Espagne/écrivains. Guerre civile*. Dossier dirigé par Marc Hanrez. Paris, Pantheon Press France-Les Dossiers H, 1975, 319 p. (Coll. « Les Dossiers H »).

[pp. 96–8]

HEWITT, Nicholas, « Malraux et Nietzsche : Un rapport qu'il faut nuancer », pp. 135–60 in *André Malraux 3*.

HOY, Peter C., « Carnet bibliographique 1972, suivi de Complément (1969–1971) », pp. 206–22 in *André Malraux 3*.

JAMES, Geneviève, « André Malraux et l'Orient : Influence ou affinité ? », pp. 83–102 in *André Malraux 3*.

JUDRIN, Roger, « Jardin fermé », *La Nouvelle revue française*, XLVI, n° 274, oct. 1975, pp. 106–28.

[pp. 119-20]

JURT, Joseph, « Les Lectures de *L'Imposture* en 1927-1928 », pp. 79–120 in *Études bernanosiennes 15. " Les Ténèbres " : Structure et personnages*. Textes réunis et présentés par Michel Estève. Paris, Lettres Modernes, 1975, 165 p. (*La Revue des lettres modernes*, n°s 409–412).

[p. 95 sur Malraux lecteur de *L'Imposture* (*La Nouvelle revue française*, 1ᵉʳ mars 1928)]

JURT, Joseph, « Malraux et Bernanos », pp. 7–30 in *André Malraux 3.*

KOESTLER, Mamaine, « Arthur Koestler : Rencontres avec Malraux, Sartre et Camus [journal inédit (1er–9 oct. 1947)] », *Le Figaro littéraire*, 8 mars 1975.
  [traduction d'Olivier Bourdet Pléville ; 1er oct. 1947 : rencontre avec Malraux]

LACOUTURE, Jean, « *Lazare*, ou la défaite de la mort », *Autrement*, n° 1, printemps 1975, pp. 131-2.

[LACOUTURE, Jean, *et* Jean-Marie MAGNAN,] « Document : Entretien à propos de Malraux entre Jean Lacouture et Jean-Marie Magnan », pp. 175–84 in *André Malraux 3.*

LANGLOIS, Walter G., « Malraux et la transformation littéraire du réel », pp. 259–73 in *Espagne/écrivains. Guerre civile.* Dossier dirigé par Marc Hanrez. Paris, Pantheon Press France-Les Dossiers H, 1975, 319 p. (Coll. « Les Dossiers H »).
  [trad. de l'américain par Yana Kornel]

LANGLOIS, Walter G., « Présentation », pp. 3–5 in *André Malraux 3.*

LAUDE, André, « 1920/1930 », *Les Nouvelles littéraires*, 29 déc. 1975.

LEBLON, Jean, *et* Claude PICHOIS, « *La Condition humaine*, roman historique ? », *Revue d'histoire littéraire de la France*, 75e an., n° 2-3, mars–juin 1975, pp. 437–44.

L[OBET], M[arcel], « Bibliographie. Essais littéraires. André Marissel : *André Malraux* », *Revue générale*, n° 12, déc. 1975, p. 104.

MADAULE, Jacques, « *Lazare* », *Europe*, n° 551, mars 1975, pp. 235-6.

MAGNAN, Jean-Marie, « Il y a eu un petit bonhomme des Cyclades », *Mélanges Malraux Miscellany*, VII, nos. 1 and 2, Spring–Autumn 1975.
  [*La Tête d'obsidienne*]

MAMBRINO, Jean, « En écoutant Lazare », *Études*, CCCXLII, janv. 1975, pp. 83–9.
  [*Lazare*]

[Martin-Chauffier, Louis,] « Un Témoignage de Louis Martin-Chauffier : André Gide et la Petite Dame, rue Vaneau », *Le Figaro littéraire*, 25 janv. 1975.

[interview : propos recueillis par Claudine Jardin]

Matzneff, Gabriel, « Les Carnets de Gabriel Matzneff », *Les Nouvelles littéraires*, 23–29 juin 1975.

[*Lazare*]

Maulpoix, Jean-Michel, « Critique. Littérature. Malraux : Les deux faces d'une même quête », *La Nouvelle revue française*, XLV, n° 265, janv. 1975, pp. 83–9.

[*Lazare* et *L'Irréel*]

Mauriac, Claude, « Un Autre regard : Un cinquantenaire et la N.R.F. », *Le Figaro*, 13 févr. 1975.

[Minkowski, Alexandre,] « Alexandre Minkowski aime lire [*interview*] », *Lire*, n° 3, déc. 1975, pp. 234-5, 237, 239–41, 243-4.

[p. 239]

[Monod, Jacques,] « Jacques Monod aime lire », *Lire*, n° 2, nov. 1975, pp. 235–7, 239–43.

[interview : p. 243 (propos sur Malraux)]

Montherlant, Henry de, *Tous feux éteints. (Carnets 1965, 1966, 1967, Carnets sans dates, Carnets 1972)*. Paris, Gallimard, 1975, 186 p.

[pp. 112, 119 et 133]

M[orelle], P[aul], « La Rentrée littéraire : Des romans pour l'automne », *Le Monde [des livres]*, 29 août 1975.

Moskos, Georges, « Mythe, écriture et révolution », pp. 47–54 in *Espagne/écrivains. Guerre civile*. Dossier dirigé par Marc Hanrez. Paris, Pantheon Press France-Les Dossiers H, 1975, 319 p. (Coll. « Les Dossiers H »).

[pp. 48, 49, 51, 52 et 53 ; trad. de l'américain par Françoise Girbal]

Palewski, Gaston, « Propos », *La Nouvelle revue des deux mondes*, n.s., n° 6, juin 1975, pp. 627–44.

Périgord, Monique, « L'Anti-temps de l'art d'André Malraux », *Revue de synthèse*, XCVI, n° 77-78, janv.–juin 1975, pp. 53-79.

P[IATIER], J[acqueline], « Un Texte de Roger Caillois : Picasso le liquidateur », *Le Monde*, 28 nov. 1975.

PICHOIS, Claude, « Une Problématique de la guerre d'Espagne »· pp. 13–8 in *Espagne/écrivains. Guerre civile*. Dossier dirigé par Marc Hanrez. Paris, Pantheon Press France-Les Dossiers H, 1975, 319 p. (Coll. « Les Dossiers H »).

[pp. 14, 15, 16–8]

PIHAN, Y., « Lecture suivie et dirigée. André Malraux, *La Condition humaine* », *L'École des lettres*, 15 sept. 1975, pp. 23–28 ; 1er oct. 1975, pp. 15–20 ; 15 oct. 1975, pp. 17–22.

POIROT-DELPECH, Bertrand, « *Hôtes de passage*, d'André Malraux : Le génie du coq-à-l'âne », *Le Monde*, 15 oct. 1975.

RESSOT, Jean-Pierre, « De Sender à Malraux », pp. 195–203 in *Mélanges offerts à Charles Vincent Aubrun*. Tome II. Édition établie par Haïn Vidal Sephiha. Paris, Éditions Hispaniques, 1975, 476 p.

[*Contre-attaque en Espagne* de Ramon Sender et *L'Espoir*]

REVOL, Jean, « André Malraux : *L'Irréel* », *Les Cahiers du chemin*, n° 23, 15 janv. 1975, pp. 163–74.

ROACH, Eleanor, « Les Termes *roman* et *gothique* dans le domaine littéraire : Essai de définition », *Les Lettres romanes*, XXIX, n° 1, févr. 1975, pp. 59–65.

[pp. 60, 61, 62, 63 et 64]

SABOURIN, Pascal, « Le Combat d'André Malraux avec l'Ange », *Revue de l'Université laurentienne*, VII, n° 2, févr. 1975, pp. 35–45.

SAINT-EXUPÉRY, Antoine DE, *Carnets*. Édition intégrale. Introduction de Pierre Chevrier. Paris, Gallimard, 1975, 284 p.

[p. 137]

● SMITH, Roch, *Le Meurtrier et la vision tragique. Essai sur les romans d'André Malraux*. Paris, Didier, 1975, 174 p. (Coll. « Essais et critiques », 23).

SUFFERT, Jacques, *Le Cadavre de Dieu bouge encore*. Paris, Bernard Grasset, 1975, 220 p.

[pp. 69–87 : « André Malraux. 22 mars 1971. Il n'y a pas de civilisation sans système de valeur »]

Tison-Braun, Micheline, « Le Colloque de l'Altenburg ou les démons de la contingence », pp. 161–73 in *André Malraux 3*.

Vandegans, André, « André Malraux et l'obsession de la transcendance », *Revue des sciences humaines*, XL, nᵒ 157, janv.–mars 1975, pp. 91–101.

Vandegans, André, « *André Malraux, 2. Visages du romancier*. Textes réunis par Walter G. Langlois », *Revue d'histoire littéraire de la France*, 75ᵉ an., nᵒ 2-3, mars–juin 1975, pp. 476–9.

Vanderschrick, Jacques, « André Malraux : *Lazare* », *La Revue nouvelle*, LXI, nᵒ 3, mars 1975, pp. 369-70.

Vilar, Jean, *Le Théâtre, service public et autres textes*. Présentation et notes d'Armand Delcampe, Paris, Gallimard, 1975, 562 p. (Coll. « Pratique du théâtre »).

[pp. 541–4 : « Projet de lettre à André Malraux (16 mai 1971) »]

(langue allemande et autres)

1973

(classement alphabétique des périodiques contenant des articles anonymes)

Der Spiegel (1973)
***, « Szene : Malraux-Ehrung. " Imaginäres Museum " verwirklicht » (23. Juli).

***, « Biographen : Die Sphinx », (13. Aug.).

● ALBERSMEIER, Franz-Josef, *André Malraux und der Film. Zur Rezeption des Films in Frankreich.* Berne, Herbert Lang ; Francfort, Peter Lang, 1973, 346 p. (Coll. « Europäische Hochschulschriften », Reihe XXX : « Filmwissenschaftliche Studien », Band 1).

BITTERLI, Urs, *Conrad—Malraux—Greene—Weiss. Schriftsteller und Kolonialismus.* Zurich—Cologne, Benziger Verlag, 1973, 199 p. (Coll. « Benziger Broschur »).

[pp. 61–107 : « André Malraux »]

C[ORDIÉ], C[arlo], « Note », *Rivista di letterature moderne e comparate*, vol. 26, fasc. 2, giugno 1973, pp. 157-8.

[p. 158 sur deux articles récents sur Malraux]

DUVIGNAUD, Jean, « Ein Mythos wird besichtigt », *Dokumente*, XXIX. Jahrgang, 1973, pp. 321-2.

GÜNTHER, Helmut, « Malraux, André : *Eichen, di man fällt* », *Welt und Wort*, 28. Jahrg., Heft 1, 1973, p. 95.

KRAHMER, Catherine, « Im Mittelpunkt unseres Jahrhunderts. André Malraux als Thema und Anlass einer Ausstellung in Südfrankreich », *Die Zeit*, 10. Aug. 1973.

[à propos de l'exposition Malraux à la Fondation Maeght]

MÖLK, Ulrich, « Trockijs Aufsatz über die *Conquérants* und Malraux' Antwort », *Zeitschrift für Französische Sprache und Literatur*, LXXXIII, Heft 1, 1973, pp. 1–9.

MOOIJ, J. J. A., « Metafoor en vergelijking in der literatuur », *Forum der letteren*, jaarg. 14, no. 2, juni 1973, pp. 121–57.

[p. 147]

NEUDECK, Rupert, « Malraux, der Aktionist », *Wort und Wahrheit*, XXVIII. Jahrg., Nov.-Dez. 1973, pp. 493-6.

PRIETO BARRAL, Maria Fortunata, « Homenaje a Chagall y la antología de artes plasticas de Malraux », *La Estafeta literaria*, núm. 526, 15 oct. 1973, pp. 18-9.

RIFFATERRE, Michael, *Strukturale Stilistik.* Vorwort zur französischen Originalausgabe von Daniel Delas. Munich, List Verlag, 1973, 351 p. (Coll. « List Taschenbücher der Wissenschaft : Linguistik », 1422).

[pp. 215–31 : « Die *Antimemoiren* von André Malraux »]

195

TROCKIJ, Lev, *Literaturtheorie und Literaturkritik. Ausgewählte Aufsätze zur Literatur.* Hrsg. und eingeleitet von Ulrich Mölk. Übersetzt von Thomas Kunke und Ulrich Mölke. Munich, Fink, 1973, 187 p. (Coll. « UniTaschenbücher », 136).

[pp. 119–30 : « Die erdrosselte Revolution. Ein französischer Roman über die chinesische Revolution [*Les Conquérants*] »]

● WUCHENAUER, Günter, *Die Sprache André Malraux'.* Göppingen, Verlag Alfred Kümmerle, 1973, 363 p. (Coll. « Göppinger Akademische Beiträge », 54).

[thèse de l'Université de Tübingue]

ZELTNER[-NEUKOMM], Gerda, *Beim Wort genommen. Stilanalytische Beiträge zur Romanistik.* Mainz, Von Hase und Koehler, 1973, 180 p. (Coll. « Die Mainzer Reihe », 35).

[pp. 155–64 : « Bericht über Malrauxs Imaginäres Museum »]

1974

B[ACHMANN], J[akob], « Der Kampf der Kunst gegen das Schicksal. André Malraux : *L'Irréel* », *Neue Zürcher Zeitung*, 28. Nov. 1974.

BACHMANN, Jakob, « Wachsende " Antibiographie ". André Malraux : *Lazare* », *Neue Zürcher Zeitung*, 30 Nov.–1. Dez. 1974.

BONDY, François, « Die Welt, die in Europa eindringt. André Malraux, Romancier des intellektuellen Tatmenschen », *Schweizer Monatshefte*, 54. Jahr, Heft 1, April 1974, pp. 40–53.

CAMPOS, Alcides DE, « Real e imaginário na vida de André Malraux », *Seara nova*, n. 1541, março 1974, pp. 24–30.

CANTINI, Roberto, « L'Antimemoria della condizione umana », *La Nuova antologia*, v. 521, fasc. 2081, maggio 1974, pp. 64-8.

Jurt, Joseph, « Zeugnisse über Malraux », *Vaterland*, 23. März 1974.

[c.r. de 1974 Clara Malraux, *Voici que vient l'été* et 1973 Bockel, *L'Enfant du rire*]

Merquior, José Guilherme, « Malraux contra Gide », *Colóquio/letras*, núm. 17, jan. de 1974, pp. 5–13.

Prieto Barral, Maria Fortunata, « Picasso revive en la *Antimemorias* de Malraux », *La Estafeta literaria*, núm. 549, 1º oct. 1974, pp. 26–8.

Silbermann, Alphons, « Literaturphilosophie, soziologische Literaturästhetik oder Literatursoziologie », pp. 148–57 in *Literatursoziologie*. Herausgegeben von Joachim Bark. I. *Begriff und Methodik*. Stuttgart—Berlin—Cologne—Mainz, Verlag W. Kohlhammer, 1974, 170 p.

[pp. 152-3 sur Goldmann critique de Malraux]

Wilhelm, Julius, *Französische Gegenwartsliteratur*. Stuttgart, Kohlhammer, 1974, 212 p. (Coll. « Sprache und Literatur », 93).

[pp. 144–52 : « André Malraux »]

1975

(classement alphabétique des périodiques contenant des articles anonymes)

Hispanoamericano (1975)
***, « Habla Malraux » (3 marzo ; 10 marzo).

[reprend le texte de *Paris-Match* (15 févr. 1975)]

***, « El Novelista y ex-combatiente » (10 nov.).

BACHMANN, Jakob, « Malraux und das Irrationale. *Hôtes de passage*, ein weiterer Band der Erinnerungen », *Neue Zürcher Zeitung*, 13./14. Dez. 1975.

ENGLEBERT, Manfred, « *La Condition humaine* », pp. 177–96, 340–6 in *Der Französische Roman. Vom Mittelalter bis zur Gegenwart.* II. Herausgegeben von Klaus Heitmann. Düsseldorf, Bagel, 1975, 358 p.

JURT, Joseph, « Brüderlichkeit gegen den Tod », *Vaterland*, 16. Aug. 1975.
    [*Lazare*]

NEUDECK, Rupert, « Franz J. Albersmeier : *André Malraux und der Film — Zur Rezeption des Films, in Frankreich* », *Film-Korrespondenz*, 21. Jg., Nr. 2, 11. Febr. 1975, pp. 21-2.

RUPOLO, Wanda, « Il Dialogo tragico di Malraux », *La Nuova antologia*, vol. 524, fasc. 2093, maggio 1975, pp. 90–7.

TABLE

 IMPRIM'VERT®

Achevé d'imprimer par Corlet,
Condé-en-Normandie (Calvados), en septembre 2021
N° d'impression : 172955 - dépôt légal : septembre 2021
Imprimé en France